集人文社科之思 刊专业学术之声

集 刊 名：马克思主义基本理论研究

主　　编：辛向阳　崔唯航

执行主编：杨　静　王维国

主办单位：中国社会科学院马克思主义研究院
　　　　　中国社会科学院大学

RESEARCH ON THE BASIC THEORY OF MARXISM 2025 VOL. 1　NO.1

2025年第1期　总第1期

集刊序列号：PIJ-2024-513

中国集刊网：www.jikan.com.cn/ 马克思主义基本理论研究

集刊投约稿平台：www.iedol.cn

马克思主义
基本理论研究

RESEARCH ON THE BASIC THEORY OF MARXISM

2025 VOL. 1 NO.1

2025年第1期

总第1期

主编 / 辛向阳　崔唯航

执行主编 / 杨　静　王维国

社会科学文献出版社

SOCIAL SCIENCES ACADEMIC PRESS (CHINA)

卷首语

习近平总书记对新时代马克思主义理论研究和建设工程作出重要指示："要坚持'两个结合'，扎根中国大地、赓续中华文脉、厚植学术根基，深入研究以中国式现代化全面推进强国建设、民族复兴伟业实践中的重大问题，加快构建中国哲学社会科学自主知识体系，培养高素质理论人才，为推进马克思主义中国化时代化作出更大贡献。"习近平总书记的重要指示明确了坚持守正创新推进党的创新理论学习研究宣传的任务要求，提出了坚持"两个结合"推进马克思主义中国化时代化的殷切希望，为加强新时代马克思主义理论研究和学科建设指明了前进方向、提供了根本遵循。站在"两个结合"的高度，聚焦推进和深化马克思主义基本理论研究，不仅要求以科学研究为基础，更要以刊物建设为抓手。

基于上述考虑，中国社会科学院马克思主义研究院和中国社会科学院大学经过精心筹划，决定共同创办《马克思主义基本理论研究》集刊，旨在为广大马克思主义理论研究者打造高水平的学术交流平台，持续激发理论创造活力，推动构建哲学社会科学自主知识体系，积极引领更多研究者投身马克思主义理论研究和学科建设。

我们认为，在当今时代扎实推进马克思主义研究，既要深入钻研马克思主义基本理论，以科学严谨的态度研讨马克思主义经典著作中的思想精髓，更要创造性地研究中国化时代化的马克思主义，立足当代中国伟大实践，不断推进马克思主义理论在新时代的创新发展。这既需要我们不断深化对马克思主义基本理论内涵和发展规律的理解，也需要依托坚实的学理基础，积极回应时代提出的新问题、新挑战、新课题。

本集刊始终强调以深厚的马克思主义学理研究为根基，以现实问题为导向，推动马克思主义基本理论研究走向更加开阔、更加深邃、更加具有时代感的领域。

为实现这一目标，本集刊将设立以下特色专栏。

（1）习近平新时代中国特色社会主义思想的原理性理论成果研究。本专栏将紧紧围绕习近平新时代中国特色社会主义思想的重大理论贡献，系统研究其形成的历史背景、理论内涵、逻辑结构、创新特色及实践意义，深入挖掘其理论的科学性、人民性、时代性、实践性和创新性。

（2）马克思主义基本原理。本专栏聚焦马克思主义经典文本，围绕辩证唯物主义、历史唯物主义、政治经济学、科学社会主义等基本理论，深入研讨马克思主义的哲学基础、科学内涵、理论价值以及现实意义，推动对马克思主义基本原理的深层次学理性研究。

（3）马克思主义发展史。本专栏旨在以历史视野纵览马克思主义发展历程，总结历史经验，探索马克思主义理论发展的内在规律。通过对马克思主义在世界范围内传播、发展的研究，阐明马克思主义与不同时代社会实践之间的内在关系，丰富马克思主义发展史的研究视域。

（4）思想政治教育。本专栏立足马克思主义理论的思想政治教育功能，积极研究思想政治教育在新时代中国特色社会主义建设中的实践经验和理论方法，探讨新时代思想政治教育的创新路径，不断提升马克思主义思想政治教育的针对性、实效性和时代感。

此外，我们还将适时推出马克思主义理论研究热点问题、学术动态、青年学者论丛等其他特色专栏，以多样化形式促进学术交流与互动。

本集刊自 2025 年起每年出版 2 期，计划于 6 月、12 月出版。每期拟刊发 8~12 篇文章，每期 15 万~20 万字。

伟大时代呼唤伟大理论，伟大实践催生伟大理论。《马克思主义基本理论研究》集刊将秉承求真务实、开拓创新的精神，致力于成为马克思主义理论研究的重要阵地和思想交流的重要平台。我们期待广大理论工作者积极参与，共同推动马克思主义理论研究走深走实，为新时代中国特色社会主义伟大事业贡献更多的智慧与力量。

欢迎广大马克思主义理论工作者踊跃投稿，支持我们的集刊。愿《马克思主义基本理论研究》集刊能为推动马克思主义中国化时代化作出应有的贡献，不负时代，不负使命！

《马克思主义基本理论研究》编辑部

2025 年 5 月

马克思主义基本理论研究

2025年第1期·总第1期
2025年6月出版

习近平新时代中国特色社会主义思想中的
重要原理性理论成果

秦　刚[*]

摘　要　习近平新时代中国特色社会主义思想内含许多原理性理论成果。坚持以人民为中心的发展思想、发展新质生产力、以新的发展理念引领发展、坚持人与自然和谐共生、现代化道路并没有固定模式、引领经济全球化健康发展、推动建设开放型世界经济、促进人类文明交流互鉴、推进全球治理规则民主化法治化、推动构建人类命运共同体、弘扬全人类共同价值、政党要担起为人类谋进步的历史责任等，是其原理性理论成果的重要体现。这些原理性理论成果，既为解决当代中国发展问题提供了思想指导，也为解决当今世界和人类发展问题提供了理念引领。

关键词　习近平新时代中国特色社会主义思想；原理性理论成果；创新性发展；普遍意义

习近平新时代中国特色社会主义思想科学回答了当代中国发展面临的新问题新挑战，也科学回答了当今世界和人类社会发展面临的新问题新挑战。这一思想内含反映中国特色社会主义和中国式现代化建设客观规律的独创性理论成果，同时也内含反映人类社会发展和世界现代化客观规律的原理性理论成果，是特殊性和普遍性相辅相成的有机整体。其

---

　*　作者简介：秦刚，博士，中共中央党校（国家行政学院）教授，主要研究方向为中国特色社会主义。

中的原理性理论成果，集中反映了当今世界和人类社会发展的大逻辑大趋势，是习近平新时代中国特色社会主义思想的创新性具有时代高度、思想深度和历史广度的重要体现，标注了马克思主义在当代中国和当今世界发展的新高度。这些原理性理论成果，既为解决当代中国发展问题提供了理论指导，也为解决当今世界和人类发展问题提供了理念引领。深入研究和阐释这些原理性理论成果，对于更好认识和把握当今中国社会发展和人类社会发展的客观规律，尤其是更好认识和把握当代中国发展和当今世界以及人类社会发展的内在联系，具有重要意义。

一 坚持以人民为中心的发展思想

坚持以人民为中心的发展思想，是习近平新时代中国特色社会主义思想的重要内容，也是贯通习近平新时代中国特色社会主义思想的中心，体现在习近平新时代中国特色社会主义思想的各个方面。其原理性在于，这一思想依据马克思恩格斯的人民历史观，深刻揭示了社会发展必须遵循的客观规律。它不仅是中国共产党的根本宗旨和执政理念，也是世界各国发展需要遵循的理念和原则；不仅体现着中国式现代化的内在要求，也体现着世界各国现代化进程的客观要求。

马克思恩格斯曾明确指出："历史活动是群众的事业。"[①] 马克思还强调："不是国家制度创造人民，而是人民创造国家制度。"[②] 坚持以人民为中心的发展思想，其核心要求，就是"发展为了人民、发展依靠人民、发展成果由人民共享，让现代化建设成果更多更公平惠及全体人民"。[③] 这一思想丰富和发展了马克思主义历史观、人民观，进一步明

---

① 《马克思恩格斯全集》第 2 卷，北京：人民出版社，1957，第 104 页。
② 《马克思恩格斯全集》第 3 卷，北京：人民出版社，2002，第 40 页。
③ 习近平：《高举中国特色社会主义伟大旗帜 为全面建设社会主义现代化国家而团结奋斗——在中国共产党第二十次全国代表大会上的报告》，北京：人民出版社，2022，第 27 页。

确了现代国家和社会发展的出发点、着眼点和落脚点，强调了国家和社会发展要着眼人民的新期待，满足人民的新要求。习近平指出："以人民为中心的发展思想，不是一个抽象的、玄奥的概念，不能只停留在口头上、止步于思想环节，而要体现在经济社会发展各个环节。"① 也就是说，只有把这一发展思想落实到国家发展的各项决策部署中，才能充分体现出它的实际意义。中国的发展是这样，世界各国的发展也是如此。"推动发展、安居乐业是各国人民共同愿望。为了人民而发展，发展才有意义；依靠人民而发展，发展才有动力。世界各国应该坚持以人民为中心，努力实现更高质量、更有效率、更加公平、更可持续、更为安全的发展。""要破解发展不平衡不充分问题，提高发展的平衡性、协调性、包容性。要增强人民发展能力，形成人人参与、人人享有的发展环境，创造发展成果更多更公平惠及每一个国家每一个人的发展局面。"② 这样的发展思想，既包含着我们党的自身发展经验，也包含着世界各国政党的发展经验及教训。习近平还指出："历史教训深刻启示我们，一切脱离人民、偏离人民、背离人民的政治力量，终究会走到人民的对立面，失去人民的支持。"③

列宁曾经说过："具有优秀精神品质的是少数人，而决定历史结局的却是广大群众，如果这些少数人不中群众的意，群众有时就会对他们不太客气。"④ 对于当今世界任何国家来说，"现代化道路最终能否走得通、行得稳，关键要看是否坚持以人民为中心"。所以，"政党要锚定人民对美好生活的向往，顺应人民对文明进步的渴望，努力实现物质富裕、政治清明、精神富足、社会安定、生态宜人，让现代化更好回应人

---

① 《习近平著作选读》第 1 卷，北京：人民出版社，2023，第 438 页。
② 《习近平著作选读》第 2 卷，北京：人民出版社，2023，第 544 页。
③ 《十九大以来重要文献选编》中卷，北京：中央文献出版社，2021，第 831 页。
④ 《列宁全集》第 43 卷，北京：人民出版社，2017，第 96 页。

民各方面诉求和多层次需要"。①

坚持以人民为中心的发展思想，体现了中国共产党对当代中国发展规律和当今世界发展规律的深刻认识。它是中国共产党的根本宗旨和执政理念的体现，也是衡量世界各国发展成效及政党执政成败得失的重要尺度。无论是看人类历史，还是看当今世界，人民都是国家和社会命运的最终决定力量，人民在现代化进程中的决定性作用也日趋凸显。任何国家要实现真正的发展进步，都必须坚持依靠人民，把人民的利益要求置于首位。人民满意，才是一个国家发展富有成效的最重要体现。

在当今世界，许多国家都号称是"民主国家"，并强调政治权力合法性是以人民的意愿为基础。"人民的国家""人民的政府""人民的社会"也是很多国家政治话语中常常出现的词语。但是，在一些国家，因制度设计上的缺陷，或政党运行机制的弊端，人民的国家、人民的意愿或人民的诉求往往流于抽象的说辞，总是与国家和社会发展进程及结果存在很大的距离。在有的国家，政党不仅成了资本利益集团的代表，甚至沦为维护自身利益的特权官僚集团，无视人民的存在和利益要求。人民的诉求长期得不到有效的回应，不仅政党会丧失人心、失去执政地位，还有可能引发社会动荡，甚至导致国家发生内乱。这也从另一个方面表明，坚持以人民为中心的发展思想是国家发展必须遵循的客观要求。

二 发展新质生产力

新质生产力是习近平新时代中国特色社会主义思想中的一个重要概念，发展新质生产力是习近平新时代中国特色社会主义思想中的重要论

---

① 习近平：《携手同行现代化之路——在中国共产党与世界政党高层对话会上的主旨讲话》，北京：人民出版社，2023，第2页。

断。围绕发展新质生产力，习近平提出了一系列重要理论观点，形成了关于发展新质生产力的新思想、新理念。其原理性在于，这一思想理念坚持和发展了马克思恩格斯的生产力理论，揭示了我国实现高质量发展的内在要求，同时也揭示了世界范围内新的科技革命和产业变革的发展趋向。

习近平对新质生产力作出了科学阐释。他指出："新质生产力是创新起主导作用，摆脱传统经济增长方式、生产力发展路径，具有高科技、高效能、高质量特征，符合新发展理念的先进生产力质态。它由技术革命性突破、生产要素创新性配置、产业深度转型升级而催生，以劳动者、劳动资料、劳动对象及其优化组合的跃升为基本内涵，以全要素生产率大幅提升为核心标志，特点是创新，关键在质优，本质是先进生产力"，并强调，"绿色发展是高质量发展的底色，新质生产力本身就是绿色生产力"。① 习近平阐明了新质生产力的基本特征、核心标志、基本内涵和显著特点，形成了关于先进生产力发展的新观念。他还强调："我提出新质生产力这个概念和发展新质生产力这个重大任务，主要考虑是：生产力是人类社会发展的根本动力，也是一切社会变迁和政治变革的终极原因。高质量发展需要新的生产力理论来指导，而新质生产力已经在实践中形成并展示出对高质量发展的强劲推动力、支撑力，需要我们从理论上进行总结、概括，用以指导新的发展实践。"②

马克思恩格斯指出："一定的生产方式或一定的工业阶段始终是与一定的共同活动方式或一定的社会阶段联系着的，而这种共同活动方式本身就是'生产力'。"③ 马克思还明确指出："生产力中也包括科学。"④

---

① 《习近平在中共中央政治局第十一次集体学习时强调：加快发展新质生产力 扎实推进高质量发展》，《人民日报》2024 年 2 月 2 日。
② 习近平：《发展新质生产力是推动高质量发展的内在要求和重要着力点》，《求是》2024 年第 11 期。
③ 《马克思恩格斯文集》第 1 卷，北京：人民出版社，2009，第 532~533 页。
④ 《马克思恩格斯全集》第 46 卷下册，北京：人民出版社，1980，第 211 页。

从人类社会发展进程来看，任何时期、任何国家的经济水平提高，政治法律制度完善，社会文化繁荣，生活方式改进以及人的主体能力提升，最终都要取决于社会生产力的发展。作为生产力发展中的最重要因素，科学技术对社会生产力发展发挥着十分重要的带动和提升作用。而新质生产力就是科学技术不断发展进步的结果，它已经成为推动经济社会发展的重要动力，也已经成为推动人类社会变革的重要力量。从中国和其他国家的经济社会发展趋向来看，发展新质生产力带来的积极作用是多方面的。它有助于转换发展模式，推动产业升级，实现经济社会高质量发展；有助于提升国家核心竞争力，避免在新的科技革命和产业革命中丧失机遇；有助于推动绿色发展，促进新的产业形态生成，为高质量发展稳固底色；也有助于促进劳动者素质和技能的提升，进一步增强科技人才和技能人才的竞争力。

三 以新的发展理念引领发展

创新、协调、绿色、开放、共享的发展理念，是习近平新时代中国特色社会主义思想的重要内容。"这五大发展理念不是凭空得来的，是我们在深刻总结国内外发展经验教训的基础上形成的，也是在深刻分析国内外发展大势的基础上形成的，集中反映了我们党对经济社会发展规律认识的深化。"[①] 其原理性在于，这五大发展理念以马克思恩格斯的发展理论为基础，解答了当代中国发展面临的新矛盾新问题，而这些新矛盾新问题也是世界许多国家发展过程中普遍存在或普遍面临的矛盾和问题，其影响及引领作用是超越地域性的。

新发展理念是我们党在新时代提出的关于经济社会发展的重要理念。习近平在党的十九大报告中指出："发展是解决我国一切问题的基

---

① 《习近平谈治国理政》第2卷，北京：外文出版社，2017，第197页。

础和关键，发展必须是科学发展，必须坚定不移贯彻创新、协调、绿色、开放、共享的发展理念。"① 新发展理念，"回答了关于发展的目的、动力、方式、路径等一系列理论和实践问题，阐明了我们党关于发展的政治立场、价值导向、发展模式、发展道路等重大政治问题"。② 习近平还明确强调："坚持创新发展、协调发展、绿色发展、开放发展、共享发展，是关系我国发展全局的一场深刻变革。这五大发展理念相互贯通、相互促进，是具有内在联系的集合体，要统一贯彻，不能顾此失彼，也不能相互替代。哪一个发展理念贯彻不到位，发展进程都会受到影响。"③ 习近平对经济社会发展作出的新阐释、提出的新思想，把对发展的认识提升到了一个新的高度。

发展一直是人类社会的主题。马克思恩格斯在考察人类社会发展客观规律的过程中，也提出和形成了关于发展的科学理论。他们相继提出了发展是有规律性的、发展是全面性的、发展是永续性的、发展是共享性的等重要思想观点，为人们认识发展问题奠定了理论基础。新发展理念无疑是马克思主义发展理论的新表达。在当今世界，发展依然是各国十分重视和关注的问题，也是各国都要着力做好的事情。不同的国家在发展问题上会有不同看法，但发展的普遍规律存在也决定了不同国家在发展问题上有共同的认识。新发展理念对于解决发展中普遍存在的问题，无疑具有重要的导向或启示作用。就创新发展而言，面对当今世界的发展态势，创新尤其是科技创新的作用和意义格外重大。没有创新，就没有新的发展。没有创新能力的国家和民族很难跟上时代发展的步伐，不仅会失去自身发展动力，也很容易沦为发达国家的附庸。就协调发展而言，许多国家尤其是发展中国家在其发展过程中都需要解决经济

---

① 习近平：《决胜全面建成小康社会 夺取新时代中国特色社会主义伟大胜利——在中国共产党第十九次全国代表大会上的报告》，北京：人民出版社，2017，第21页。
② 《习近平著作选读》第2卷，北京：人民出版社，2023，第406页。
③ 《习近平谈治国理政》第2卷，北京：外文出版社，2017，第200页。

社会发展不平衡、区域发展不平衡、城乡发展不平衡等问题。乡村的衰退、区域失衡、经济社会畸形发展，都会阻碍现代化的进程。就绿色发展而言，这是世界各国都在努力追求的新发展模式。为实现发展模式转变，推动经济结构调整，许多国家越来越注重发展绿色产业，突出发展绿色的理念和绿色内涵。就开放发展而言，这是顺应经济全球化和世界发展大势的必然选择。在当今世界，任何国家的发展都不能脱离世界，各国只有把自身发展融入世界发展才能获得更大更好的发展。就共享发展而言，这是中国经济社会发展的目标追求，也是世界许多国家经济社会发展的归宿。从人类社会发展的进程来看，一旦经济社会发展失去公平，一部分人利益的获得以另一部分人利益的牺牲和被剥夺为代价，不仅会导致经济社会发展偏离正确方向，还会引发利益冲突，导致社会动荡。坚持共享发展，可以为经济社会发展注入更多的人文关怀，也有助于促进社会和谐发展。因此，可以说，新发展理念在实践层面具有很强的普遍意义。

四　坚持人与自然和谐共生

坚持人与自然和谐共生，是习近平新时代中国特色社会主义思想中具有标志性的创新观点，也是当代中国共产党对人类文明发展规律科学把握的重要体现。其原理性在于，这一理念坚持和发展了马克思恩格斯的生态观，揭示了人类可持续发展的内在要求。这既是中国式现代化建设必须遵循的原则要求，也是世界各国现代化都应有的观念意识。

如何正确认识和处理人与自然的关系，是人类社会发展过程中始终没有得到很好解决的一个问题。面对人类生存和发展环境日趋严峻的挑战，习近平提出了坚持人与自然和谐共生的理念，并作出了一系列重要阐释。他指出："人因自然而生，人与自然是一种共生关系，对自然的伤害最终会伤及人类自身。"①　他还特别强调："自然是生命之母，人与自然是生命共同体。"②　"人类发展活动必须尊重自然、顺应自然、保护自然，否则就会遭到大自然的报复。这是规律，谁也无法抗拒。"③　据此，习近平明确指出："保护生态环境，应对气候变化，维护能源资源安全，是全球面临的共同挑战。"④　"我们要坚持同舟共济、权责共担，携手应对气候变化、能源资源安全、网络安全、重大自然灾害等日益增多的全球性问题，共同呵护人类赖以生存的地球家园。"⑤　坚持人与自然和谐共生作为习近平新时代中国特色社会主义思想中的重要组成部分，体现了以习近平同志为主要代表的中国共产党人对人类文明发展，尤其是对人与自然关系的深刻认识。这一理念有助于深化人们对人类文明发展规律的认识，也应成为推进全球可持续发展的价值引领。

随着工业文明在近代的兴起，人与自然的矛盾开始逐步显现。马克思主义经典作家很早就对工业化带来的生态危机发出了严重警告，告诫人们不能过分陶醉于对自然界的征服，否则必然会受到自然的惩罚。恩格斯曾深刻指出："我们不要过分陶醉于我们人类对自然界的胜利。对于每一次这样的胜利，自然界都对我们进行报复。"⑥　到了20世纪六七十年代，随着环境问题日益凸显，一些旨在唤醒人们环境保护意识的著作又相继出版。然而，前人的警告和呼吁，都未能阻挡住人们在利用自然过程中对自然造成的破坏，特别是随着化学、冶炼、汽车等现代工业的发展，环境污染、生态退化问题日趋严重。人类对自然的伤害已经伤及人类自身，来自生态和环境危机的挑战已经成为人类社会面临的严峻挑战。也正是因为有这样的严峻挑战，坚持人与自然和谐共生理念的提

---

① 《习近平谈治国理政》第2卷，北京：外文出版社，2017，第394页。
② 习近平：《论坚持人与自然和谐共生》，北京：中央文献出版社，2022，第225页。
③ 习近平：《论坚持人与自然和谐共生》，北京：中央文献出版社，2022，第150页。
④ 习近平：《论坚持人与自然和谐共生》，北京：中央文献出版社，2022，第37页。
⑤ 《习近平关于社会主义生态文明建设论述摘编》，北京：中央文献出版社，2017，第128页。
⑥ 《马克思恩格斯文集》第9卷，北京：人民出版社，2009，第559~560页。

出意义重大而深远。人类只有一个家园，生态和环境危机事关世界各国的发展利益和前途命运，保护生态是每一个国家都应承担的共同责任。坚持和实现人与自然和谐共生，为矫正人类经济社会发展中的偏差、正确认识和处理人与自然关系提供了基本遵循。从世界各国发展情况来看，随着人们思想观念的转变和提升，尊重自然、顺应自然和保护自然已开始成为人们更加自觉的行为；制定和完善环境政策，走绿色、低碳和循环发展之路，已成为世界越来越多国家的积极行动。

五　现代化道路并没有固定模式

"现代化道路并没有固定模式"是习近平新时代中国特色社会主义思想中就世界现代化进程和特点提出的一个重要论断。其原理性在于，这一思想依据马克思恩格斯关于人们实践活动的历史条件理论，揭示了世界现代化进程的客观规律，即历史条件的多样性决定了现代化道路的多样性，每个国家都可以走出自己的现代化道路，都可以形成自己的特点。

自世界现代化起步以来，人们一度把西方现代化模式视为现代化的标本，后来有人又把苏联的现代化视为社会主义现代化的标本。习近平明确指出："现代化道路并没有固定模式，适合自己的才是最好的，不能削足适履。每个国家自主探索符合本国国情的现代化道路的努力都应该受到尊重。"① 这样的深刻认识，包含着对中国现代化历史经验的总结，也包含着对世界现代化进程及经验教训的分析。习近平还进一步指出："现代化不是少数国家的'专利品'，也不是非此即彼的'单选题'，不能搞简单的千篇一律、'复制粘贴'。一个国家走向现代化，既

---

① 《习近平著作选读》第2卷，北京：人民出版社，2023，第494页。

要遵循现代化一般规律，更要立足本国国情，具有本国特色。"① "世界上既不存在定于一尊的现代化模式，也不存在放之四海而皆准的现代化标准。"② 这里强调的一个重要思想就是，走向和实现现代化必须坚持独立自主的探索精神，不能简单去仿效别人。"世界上没有一个民族能够亦步亦趋走别人的道路实现自己的发展振兴，也没有一种一成不变的道路可以引导所有民族实现发展振兴。"③ 习近平还提出："一个国家走的道路行不行，关键要看是否符合本国国情，是否顺应时代发展潮流，能否带来经济发展、社会进步、民生改善、社会稳定，能否得到人民支持和拥护，能否为人类进步事业作出贡献。"④ 这样的衡量尺度，显然是具有普遍性意义的。

马克思指出："人们自己创造自己的历史，但是他们并不是随心所欲地创造，并不是在他们自己选定的条件下创造，而是在直接碰到的、既定的、从过去承继下来的条件下创造。"⑤ 他还特别强调："在将来某个特定的时刻应该做些什么，应该马上做些什么，这当然完全取决于人们将不得不在其中活动的那个既定的历史环境。"⑥ 现代化是世界各国发展的必然走向，也是一切国家摆脱贫弱的必然选择。基于社会生产力的发展及走向现代化国家的示范效应，世界各个国家都将或早或晚地实现现代化，这是一个必然的历史性进程。但是，不同的国家有不同的社会历史条件，现代化进程和表现样态肯定是多种多样、各不相同的。所有能够比较顺利走向现代化的国家，大都是坚持独立探索、找到适合自己国情道路的国家。率先实现现代化的国家，其发展道路

---

① 习近平：《携手同行现代化之路——在中国共产党与世界政党高层对话会上的主旨讲话》，北京：人民出版社，2023，第3页。
② 《习近平谈治国理政》第4卷，北京：外文出版社，2022，第123页。
③ 习近平：《在纪念孙中山先生诞辰150周年大会上的讲话》，北京：人民出版社，2016，第5页。
④ 《习近平谈治国理政》第4卷，北京：外文出版社，2022，第475页。
⑤ 《马克思恩格斯文集》第2卷，北京：人民出版社，2009，第470~471页。
⑥ 《马克思恩格斯文集》第10卷，北京：人民出版社，2009，第458页。

和发展模式会产生一定的示范效应，但任何国家的道路和模式都不具有普适性。有些西方国家总是把自己的现代化道路、现代化模式视为普适的样板，并以各种方式向其他国家推销，这是十分错误的做法。也有的国家盲目移植西方国家的现代化路径和模式，致使自身发展陷入困境，甚至导致政局不稳、经济衰退、贫富分化等诸多严重问题。历史的经验表明，世界现代化的进程本身就是多种道路、多种模式并存共进的过程。不同发展道路、发展模式的同向并存，也是世界现代化进程的显著特点。各种选择相互包容、相互尊重和相互借鉴，更有利于世界的发展进步。

六　引领经济全球化健康发展

习近平新时代中国特色社会主义思想针对经济全球化向何处去作出了深刻回答，指明了经济全球化的发展方向，提出了引领经济全球化健康发展的实际举措。其原理性在于，这一思想根据马克思恩格斯的世界历史理论，揭示了经济全球化发展的客观规律和现实要求，阐明了经济全球化健康发展的深远意义。

习近平充分肯定了经济全球化带来的社会进步，指出："经济全球化是社会生产力发展的客观要求和科技进步的必然结果。""经济全球化为世界经济增长提供了强劲动力，促进了商品和资本流动、科技和文明进步、各国人民交往。"① 对于全球化进程中出现的新问题，习近平也作出全面而又深刻的分析。他指出："我们也要承认，经济全球化是一把'双刃剑'。""反全球化的呼声，反映了经济全球化进程的不足，值得我们重视和深思。""把困扰世界的问题简单归咎于经济全球化，既不符合事实，也无助于问题解决。""面对经济全球化带来的机遇和

---

① 《习近平著作选读》第1卷，北京：人民出版社，2023，第554页。

挑战，正确的选择是，充分利用一切机遇，合作应对一切挑战，引导好经济全球化走向。"①他强调："我们不能因为一时困难停下脚步，要在参与经济全球化进程中，注重同各自发展实践相结合，注重解决公平公正问题，引领经济全球化向更加包容普惠的方向发展。"②针对经济全球化带来的机遇和挑战，为更好引导经济全球化走向，也要反对一些国家出现的反全球化、反自由贸易行为，反对一切形式的保护主义。习近平多次强调，要顺应时代潮流，"倡导普惠包容的经济全球化，推进贸易和投资自由化便利化，解决好发展失衡等问题，推动全球治理体系朝着更加公正合理的方向发展"。③

马克思恩格斯对世界历史和世界市场形成的分析中包含着对经济全球化发展趋势的预测。马克思恩格斯指出："资产阶级，由于开拓了世界市场，使一切国家的生产和消费都成为世界性的了。"④马克思还指出，正是这种不同民族、不同国家间日益密切的交流和联系"开创了世界历史"，"使每个文明国家以及这些国家中的每一个人的需要的满足都依赖于整个世界"。⑤经济全球化已成为人类社会发展的进步趋势，也是当今世界经济发展的显著特征。习近平新时代中国特色社会主义思想对经济全球化发展趋势作出的阐释，对经济全球化曲折缘由作出的分析，不仅是我国坚持经济全球化正确方向、扩大高水平对外开放的思想遵循，也是世界各国正确认识经济全球化、主动参与和推动经济全球化进程的重要参照。尤其是这一思想所倡导的开放、包容、普惠、平衡、共赢的经济全球化发展理念，所提出的抑制和消除经济全球化负面影响的实际举措，对于促进经济全球化健康发展无疑具有重

---

① 《习近平著作选读》第1卷，北京：人民出版社，2023，第554~555页。
② 习近平：《面向未来开拓进取促进亚太发展繁荣——在亚太经合组织第二十四次领导人非正式会议第一阶段会议上的发言》，《人民日报》2016年11月22日。
③ 《习近平向联合国贸易和发展会议成立60周年庆祝活动开幕式发表视频致辞》，《人民日报》2024年6月13日。
④ 《马克思恩格斯文集》第2卷，北京：人民出版社，2009，第35页。
⑤ 《马克思恩格斯文集》第1卷，北京：人民出版社，2009，第566页。

要的引领意义。

七 推动建设开放型世界经济

习近平新时代中国特色社会主义思想围绕推动建设开放型世界经济作出深刻阐释，明确了推进建设开放型世界经济的意义、目的和路径，形成了系统的思想理念。其原理性在于，依据马克思恩格斯的世界市场理论，揭示了在开放中分享发展机会、发展利益，实现互利共赢是经济全球化的内在要求。这对于促进全球经济融合发展、培育全球经济发展新动能具有重要的导向意义。

2013年，习近平在二十国集团领导人峰会上就明确提出"坚定维护和发展开放型世界经济"的重要主张。他指出："我们要放眼长远，努力塑造各国发展创新、增长联动、利益融合的世界经济，坚定维护和发展开放型世界经济。""各国经济，相通则共进，相闭则各退。"[①] 此后，他在多种场合对这一主张进行了充分阐释，形成了系统的思想观点。习近平在提出建设开放型经济的同时，就鲜明地提出反对各种形式的保护主义。习近平指出："世界各国要坚持真正的多边主义，坚持拆墙而不筑墙、开放而不隔绝、融合而不脱钩，推动构建开放型世界经济。……推动经济全球化朝着更加开放、包容、普惠、平衡、共赢的方向发展，让世界经济活力充分迸发出来。"[②] 推动建设开放型世界经济，旨在破解世界经济发展中的难题，需要世界各国共同努力。加强开放合作，必然是推动建设开放型世界经济的客观要求；推进开放合作，才能为建设开放型世界经济不断注入正能量。习近平指出："回顾历史，开放合作是增强国际经贸活力的重要动力。立足当今，开放合作是推动世界经济稳定复苏的现实要求。放眼未来，开放合作是促进人类社会不断

---

① 《习近平谈治国理政》，北京：外文出版社，2014，第335、337页。
② 《习近平谈治国理政》第4卷，北京：外文出版社，2022，第485页。

进步的时代要求。……各国应该坚持开放融通，拓展互利合作空间。"①
建设开放型世界经济，有助于世界各国的经济社会发展，也可以惠及各
国人民。习近平指出："我们的目标是让增长和发展惠及所有国家和人
民，让各国人民特别是发展中国家人民的日子都一天天好起来。"② 他
还强调："中国坚持对外开放的基本国策，坚定奉行互利共赢的开放战
略，不断以中国新发展为世界提供新机遇，推动建设开放型世界经济，
更好惠及各国人民。"③ 与此同时，对于如何推动建设开放型世界经济，
习近平还提出了切实可行的实践路径、务实举措，并得到了广泛认同。

在开放中发展是人类社会发展的必然趋势，尤其是随着世界市场的
开创以及以市场为基础的生产的形成，资本及各种生产要素的自由流动
逐步成为世界经济发展的显著特征。马克思主义经典作家曾对世界市场
及国际的分工的形成和内在逻辑作过深入分析。马克思指出："资产阶
级社会的真实任务是建立世界市场（至少是一个轮廓）和以这种市场
为基础的生产。"④ 列宁也明确指出，"世界共同的经济关系"带来世界
范围内社会分工和经济合作发展，迫使不同社会制度国家走上"往来
的道路"。⑤ 进入 21 世纪，随着经济全球化不断发展，世界各国经济发
展更加紧密地联系在一起，各种生产要素的世界性流动以及全球性配
置已成为世界经济的常态，各国相互依存程度的不断提高，也带来了
一荣俱荣、一损俱损的发展局面。同时，新的科学技术迅猛发展，促
使国际分工和收益分配体系有了新的调整，并使世界经济走向更加开
放的状态。在合作中形成优势互补，实现互利互惠，已成为世界各国

① 《习近平谈治国理政》第 3 卷，北京：外文出版社，2020，第 200~201 页。
② 《习近平外交演讲集》第 1 卷，北京：中央文献出版社，2022，第 429 页。
③ 习近平：《高举中国特色社会主义伟大旗帜　为全面建设社会主义现代化国家而团结奋
　斗——在中国共产党第二十次全国代表大会上的报告》，北京：人民出版社，2022，第
　61 页。
④ 《马克思恩格斯全集》第 29 卷，北京：人民出版社，1972，第 348 页。
⑤ 《列宁全集》第 42 卷，北京：人民出版社，2017，第 343 页。

经济社会发展的客观要求。在这样的形势下，无论是搞自我封闭，还是搞自我保护，都是同人类社会发展客观规律和时代潮流背道而驰的。合力推进建设开放型世界经济，在发展中分享机会和利益，才能为世界经济繁荣奠定坚实基础，才能使世界各国经济获得持久发展。倡导开放发展，通过推动建设开放型经济拓展发展空间，破解世界经济发展难题，符合当今世界经济发展的客观要求，也体现了当代中国共产党人的历史责任感。

八　促进人类文明交流互鉴

关于人类文明及促进人类文明交流互鉴的系统阐释，是习近平新时代中国特色社会主义思想的重要组成部分。其原理性在于，这一思想根据马克思恩格斯的交往理论，揭示和阐明了人类文明发展的客观规律和现实要求，对于增进不同文明的沟通对话、促使人们从不同文明中获取破解当今世界难题的智慧具有重要的启示意义。

多种文明并存共生，是人类社会发展的显著特点，也是当今世界的基本特征。但是，一段时期以来，人们对当今世界及未来走向的认识在很大程度上受制于西方"文明冲突论"的影响。进入新时代，习近平站在人类进步的历史高度，重新审视人类文明的发展进程和不同文明的交流互鉴，发表了一系列重要论述，提出尊重和维护人类文明多样性、坚持文明的平等包容、推动不同文明交流互鉴等重要理念，丰富和拓展了文明交流互鉴理念的内涵和外延。习近平指出："文明因多样而交流，因交流而互鉴，因互鉴而发展。"[①] "多样性是人类文明的魅力所在，更是世界发展的活力和动力之源。"[②] "文明差异不应该成为世界冲

[①] 《习近平谈治国理政》第3卷，北京：外文出版社，2020，第468页。
[②] 《习近平谈治国理政》第4卷，北京：外文出版社，2022，第475页。

突的根源，而应该成为人类文明进步的动力。"① 促进人类文明交流互鉴，有助于消除文明认识上的歧义和偏见。

习近平指出："不同文明凝聚着不同民族的智慧和贡献，没有高低之别，更无优劣之分。文明之间要对话，不要排斥；要交流，不要取代。人类历史就是一幅不同文明相互交流、互鉴、融合的宏伟画卷。"② 他还强调指出："只要秉持包容精神，就不存在什么'文明冲突'，就可以实现文明和谐。"③ 据此，习近平还明确提出要树立新的文明观，这就是："我们要树立平等、互鉴、对话、包容的文明观，以文明交流超越文明隔阂，以文明互鉴超越文明冲突，以文明共存超越文明优越。"④ 在新的时代条件下，面对人类社会发展的新问题新挑战，要"让文明交流互鉴成为增进各国人民友谊的桥梁、推动人类社会进步的动力、维护世界和平的纽带。我们应该从不同文明中寻求智慧、汲取营养，为人们提供精神支撑和心灵慰藉，携手解决人类共同面临的各种挑战"。⑤ 习近平提出的全球文明倡议，更是从文明的维度为世界和平发展、合作发展开辟了新的路径。

马克思恩格斯曾明确指出，随着世界市场的开拓和新的工业的建立，各民族的交往交流将不断扩大，"各民族的精神产品成了公共的财产。民族的片面性和局限性日益成为不可能，于是由许多种民族的和地方的文学形成了一种世界的文学"。⑥ 他们还指出："古往今来每个民族都在某些方面优越于其他民族。……任何一个民族都永远不会优越于其他民族。"⑦ 在当今世界，促进人类文明交流互鉴，反映了文明多样性

---

① 《习近平谈治国理政》第2卷，北京：外文出版社，2017，第544页。
② 《习近平在联合国成立70周年系列峰会上的讲话》，北京：人民出版社，2015，第18页。
③ 《习近平谈治国理政》，北京：外文出版社，2014，第259~260页。
④ 《习近平谈治国理政》第3卷，北京：外文出版社，2020，第411页。
⑤ 《习近平谈治国理政》，北京：外文出版社，2014，第262页。
⑥ 《马克思恩格斯选集》第1卷，北京：人民出版社，2012，第404页。
⑦ 《马克思恩格斯全集》第2卷，北京：人民出版社，1957，第194~195页。

的客观存在，也反映了人类社会发展进步的内在要求。多种文明的存在和相互影响，是人类社会得以不断发展进步的基础。每一种文明在其形成和发展过程中，都凝结了不同的民族特色或地域特色，同时也都吸纳了人类社会发展所积淀的共同理念、共同追求。所有民族都是平等的，所有民族创造的文明也必然是平等的，各民族的文明也都以各自的独特方式为人类进步作出了贡献。促进人类文明交流互鉴，是尊重各种文明存在、肯定文明贡献的重要体现。有的国家把自身文明视为"普世文明"，甚至自诩为"先进文明"，并试图用自己的文明征服或同化其他文明，这是一种违背文明发展规律的狭隘自负。人类社会的发展进步是以多种文明的交融汇通为基础的，不可能以任何一种文明为中心。促进人类文明交流互鉴，也是应对当今世界各种挑战、解决当今世界各种冲突的重要途径。加强文明交流互鉴，有助于世界各国消除相互之间的偏见和误解，增进相互尊重、相互认同和相互信任，也有助于国际社会寻求新的智慧，提升应对世界发展难题和挑战的能力。

九　推进全球治理规则民主化法治化

弘扬共商共建共享的全球治理理念，推进全球治理规则民主化法治化，是习近平新时代中国特色社会主义思想中的重要内容。其原理性在于，这一思想依据马克思恩格斯的民主理论，立足于国际力量对比和世界格局的深刻变化，从人类前途命运出发，提出了推动全球治理体系朝着更加公正合理方向发展的新主张。

随着世界"百年未有之大变局"的加速演进，世界格局和国际力量对比发生了新的变化，而原有全球治理体系已不适应这种新的变化，也难以充分反映世界各国尤其是发展中国家的要求和愿望。据此，习近平提出了完善全球性治理体系、推进全球治理规则民主化法治化的思想主张。他指出:"随着国际力量对比消长变化和全球性挑战日益增多,加强全球治理、推动全球治理体系变革是大势所趋。"①"要推动变革全球治理体制中不公正不合理的安排……推进全球治理规则民主化、法治化,努力使全球治理体制更加平衡地反映大多数国家意愿和利益。"② 所谓民主化,就是国际事务不能搞垄断,"世界的命运必须由各国人民共同掌握,世界上的事情应该由各国政府和人民共同商量来办";所谓法治化,就是法律应成为国际社会的共同准绳,"推动各方在国际关系中遵守国际法和公认的国际关系基本原则,用统一适用的规则来明是非、促和平、谋发展"。③ 同时,习近平还强调,要"适应国际力量对比新变化推进全球治理体系改革,体现各方关切和诉求,更好维护广大发展中国家正当权益"。④ 全球治理体制变革离不开理念的引领。习近平强调"我们要坚持共商共建共享的全球治理观"⑤。其核心要义,就是全球事务要由世界各国共同参与,要由各国人民共同商量。"不能由一家说了算,不能由少数人说了算。"⑥ 习近平的重要论述,顺应世界发展进步潮流,符合大多数国家和人民的愿望,也得到国际社会的普遍欢迎和支持。

就马克思恩格斯的民主思想来说,其核心就是"多数人的治理"。推进全球治理规则民主化法治化,就是在国际社会把"多数人的治理"付诸实践的实际体现。就全球面临的问题来看,只有采取民主的方式,通过世界各国的通力合作、携手努力,才能得到更好解决。而就全球治

---

① 《习近平谈治国理政》第2卷,北京:外文出版社,2017,第448页。
② 《习近平关于总体国家安全观论述摘编》,北京:中央文献出版社,2018,第242~243页。
③ 习近平:《弘扬和平共处五项原则建设合作共赢美好世界——在和平共处五项原则发表60周年纪念大会上的讲话》,北京:人民出版社,2014,第11页。
④ 习近平:《弘扬和平共处五项原则建设合作共赢美好世界——在和平共处五项原则发表60周年纪念大会上的讲话》,北京:人民出版社,2014,第11页。
⑤ 习近平:《弘扬和平共处五项原则建设合作共赢美好世界——在和平共处五项原则发表60周年纪念大会上的讲话》,北京:人民出版社,2014,第11页。
⑥ 《十八大以来重要文献选编》下卷,北京:中央文献出版社,2018,第353页。

理体系来说，其规则和机制的制定长期以来一直掌控在少数几个国家手里，而新兴市场经济国家和发展中国家在许多领域都缺乏应有的参与机会，也缺少应有的话语权。因此，加强和完善全球治理体系，推进全球治理规则民主化法治化，可以保障各国有平等的参与权利、参与机会。这不仅为更好解决全球性问题提供了新的思路，也进一步明确了完善国际秩序和国际体系的目标与方向。同时，坚持共商共建共享的全球治理观，也有助于破除冷战思维、对立思维，促进全球治理体系和国际关系朝着更加完善有效、更加民主合理的方向发展。

十　推动构建人类命运共同体

推动构建人类命运共同体，是习近平新时代中国特色社会主义思想的重要组成部分，也是习近平新时代中国特色社会主义思想的重大创新。其原理性在于，这一思想依据马克思恩格斯的共同体思想，揭示和阐明了人类社会发展的合理走向和美好目标，也充分反映出当今世界发展的大趋势和各国人民谋求和平发展、和谐稳定的普遍愿望。

人类命运共同体理念的提出，首先就是对当今世界发展状态、发展趋向的积极回应。习近平指出："各国相互联系、相互依存的程度空前加深，人类生活在同一个地球村里，生活在历史和现实交汇的同一个时空里，越来越成为你中有我、我中有你的命运共同体。"① 既然这个世界已形成一荣俱荣、一损俱损的关系，就决定了国与国之间应"摒弃冷战思维、零和博弈的旧思维"。② "我们既要让自己过得好，也要让别人过得好。"③ 习近平阐明了人类命运共同体的基本内涵，提出了推动构建人类命运共同体的目标、路径和实践平台。习近平指出："人类命

---

① 《习近平著作选读》第1卷，北京：人民出版社，2023，第104页。
② 《习近平谈治国理政》第3卷，北京：外文出版社，2020，第461页。
③ 《习近平谈治国理政》，北京：外文出版社，2014，第315页。

运共同体，顾名思义，就是每个民族、每个国家的前途命运都紧紧联系在一起，应该风雨同舟，荣辱与共，努力把我们生于斯、长于斯的这个星球建成一个和睦的大家庭，把世界各国人民对美好生活的向往变成现实。"① "构建人类命运共同体是世界各国人民前途所在。"② 习近平还明确强调："推动构建人类命运共同体，不是以一种制度代替另一种制度，不是以一种文明代替另一种文明，而是不同社会制度、不同意识形态、不同历史文化、不同发展水平的国家在国际事务中利益共生、权利共享、责任共担，形成共建美好世界的最大公约数。"③ 他还特别指出，共建"一带一路"，"彰显了同舟共济、权责共担的命运共同体意识"，要"以共建'一带一路'为实践平台推动构建人类命运共同体"。④ 有了共同利益，就会衍生出共同命运，从而形成共同责任。推动构建人类命运共同体，已成为惠益世界、造福人类的生动国际实践。

马克思恩格斯的共同体思想源于人类社会生活的发展历程和形态变化。在马克思恩格斯看来，共同体的实质是建立在共同利益基础上的一种社会关系，只有当各种利益趋于一致时，才能形成真正的共同体。推动构建人类命运共同体理念的提出，无疑是对马克思恩格斯共同体思想的创造性运用和发展。这一理念回答了处在十字路口的当今世界应向何处去的问题，为不同国家携手合作、实现共同发展提供了指引。进入21世纪，世界形成新的局面，也衍生了许多新的问题。一方面，随着经济全球化的发展，世界各国已成为一个命运攸关的利益共同体；另一方面，单边主义、贸易保护主义抬头，致使世界的分裂性、不稳定性不断上升。构建人类命运共同体理念，超越了单边主义和保护主义，打破

---

① 《习近平谈治国理政》第3卷，北京：外文出版社，2020，第433页。
② 习近平：《高举中国特色社会主义伟大旗帜　为全面建设社会主义现代化国家而团结奋斗——在中国共产党第二十次全国代表大会上的报告》，北京：人民出版社，2022，第62页。
③ 《习近平著作选读》第2卷，北京：人民出版社，2023，第543页。
④ 《习近平谈治国理政》第3卷，北京：外文出版社，2020，第486~487页。

了唯我独是、唯我独尊的霸权思维，也超越了社会制度、价值观念的差异，得到了国际社会的普遍认同。推动构建人类命运共同体，使各国命运与世界发展紧密联系在一起，促进了世界各国的沟通合作，已形成了不同社会制度、不同历史文化国家和地区的联动效应，呈现出共创美好世界的新趋向。

十一 弘扬全人类共同价值

全人类共同价值即和平、发展、公平、正义、民主、自由，是习近平新时代中国特色社会主义思想中的重大思想理念创新，也是推动构建人类命运共同体的理念指引。其原理性在于，这一理念承接了马克思恩格斯关于人类社会发展进步的思想，凝聚了不同民族、不同国家的价值共识。弘扬全人类共同价值，有助于消除价值分歧，形成促进世界和平发展、共同发展的合力。

2015年9月，习近平在第七十届联合国大会一般性辩论时的讲话中首次提出全人类共同价值。他指出："和平、发展、公平、正义、民主、自由，是全人类的共同价值，也是联合国的崇高目标。"[①] 习近平就和平、发展、公平、正义、民主、自由之所以可以成为全人类共同价值也作出深刻阐释。他指出，从国家层面说，"和平与发展是我们的共同事业，公平正义是我们的共同理想，民主自由是我们的共同追求"[②]；从社会层面来看，"各国人民都追求和平、发展、公平、正义、民主、自由的全人类共同价值"[③]。弘扬全人类共同价值，其意义就是"为建设一个更加美好的世界提供正确理念指引"[④]。习近平明确倡导："要以

---

① 《习近平谈治国理政》第2卷，北京：外文出版社，2017，第522页。
② 《习近平著作选读》第2卷，北京：人民出版社，2023，第543页。
③ 《习近平谈治国理政》第4卷，北京：外文出版社，2022，第425页。
④ 《习近平著作选读》第2卷，北京：人民出版社，2023，第543页。

宽广胸怀理解不同文明对价值内涵的认识，不将自己的价值观和模式强加于人，不搞意识形态对抗。"① 他在呼吁世界各国弘扬全人类共同价值的同时，还特别强调金砖国家作为国际社会积极、向上、建设性力量，应"以实际行动促进和平发展，维护公平正义，倡导民主自由，为处于动荡变革期的国际关系注入稳定性和正能量"。②

在马克思恩格斯看来，人类社会是逐步发展进步的。随着经济发展和社会环境的改变，人们的思想观念和价值追求也会不断改变和提升。所以，在不同的历史时期人们有着不同的民主、平等、自由的渴望和要求。尽管人类分为不同民族、不同国家，也形成了不同的社会制度和意识形态，但人类的共同本质决定了不同民族和国家有共同的情感基础，不同民族和国家的共同利益也决定了不同民族和国家有共同的价值追求。当今世界许多国家的政治法律思想也都包含许多相近或相似的价值理念。习近平提出的全人类共同价值，贯通不同国家、不同人民的愿望和追求，蕴含着不同文明在价值内涵上的共通点，是推动构建人类命运共同体的重要价值支撑。也正是因为这样，以和平、发展、公平、正义、民主、自由为主要内容的全人类共同价值才能得到广泛认同。倡导弘扬全人类共同价值，可以超越社会制度差异，摆脱意识形态分歧，凝聚发展意愿，形成解决问题的共识，也有助于消除所谓"普世价值"的负面影响。

十二 政党要担起为人类谋进步的历史责任

强调和倡导政党责任，尤其是明确提出"政党作为推动人类进步的重要力量，要锚定正确的前进方向，担起为人民谋幸福、为人类谋进

---

① 习近平：《携手同行现代化之路——在中国共产党与世界政党高层对话会上的主旨讲话》，北京：人民出版社，2023，第8页。

② 《习近平在金砖国家外长会晤开幕式上发表视频致辞》，《人民日报》2022年5月20日。

步的历史责任"①，是习近平新时代中国特色社会主义思想中的重要内容，也是习近平新时代中国特色社会主义思想对政党理论的重要贡献。其原理性在于，这一重要论述以马克思恩格斯政党合作理论为基础，揭示和阐明了政党在当今世界发展中的地位和作用，提出了不同国家的政党应增进互信、密切协作的主张，旨在倡导和促进政党更好发挥其进步作用。

在当今世界，解决人类面临的突出问题，构建人类命运共同体，推进国家现代化，都需要发挥政党的作用。习近平从人类社会发展和国家现代化两个层面阐明了政党的责任和使命。他指出，政党"是推动人类文明进步的重要力量"，同时也是"现代化事业的引领和推动力量"。② 因此，政党不仅要在国家政治生活中发挥重要作用，也要在解决世界问题、推进人类文明进步方面发挥重要作用。习近平把政党的历史责任归纳为"引领方向""凝聚共识""促进发展""加强合作""完善治理"③ 五个方面。习近平提出："政党把自身建设和国家现代化建设紧密结合起来。""各个政党都要顺应时代发展潮流、把握人类进步大势、顺应人民共同期待，把自身发展同国家、民族、人类的发展紧密结合在一起。"④ 这样的倡议，也为各个政党的发展和自身建设指明了方向。为加强政党之间的沟通协作，习近平还提出建立新型政党关系的倡议："不同国家的政党应该增进互信、加强沟通、密切协作，探索在新型国际关系的基础上建立求同存异、相互尊重、互学互鉴的新型政党关系，搭建多种形式、多种层次的国际政党交流合作网络，汇聚构建人

---

① 《习近平著作选读》第 2 卷，北京：人民出版社，2023，第 491 页。
② 习近平：《携手建设更加美好的世界——在中国共产党与世界政党高层对话会上的主旨讲话》，北京：人民出版社，2017，第 2、4 页。
③ 习近平：《携手建设更加美好的世界——在中国共产党与世界政党高层对话会上的主旨讲话》，北京：人民出版社，2017，第 3~6 页。
④ 习近平：《携手建设更加美好的世界——在中国共产党与世界政党高层对话会上的主旨讲话》，北京：人民出版社，2017，第 4、7 页。

类命运共同体的强大力量。"① 这一倡议明确了搭建政党交流互鉴平台的新思路，也提出了多边政党外交的新形式。

近代以来，人类政治发展逐步发展为政党政治。马克思恩格斯在创建无产阶级政党及阐明无产阶级政党使命任务的同时，也提出："共产党人到处都努力争取全世界民主政党之间的团结和协调。"② 在当今世界，政党政治已是世界各国普遍存在的政治形式，也是大多数国家政治运作的主要方式。在国家政治生活中，政党作为重要的政治力量，对国家发展起着重要的引领作用，也直接左右着国家的政治走向。在国际社会，政党的主张及政治倾向，也深刻影响着世界的格局及其发展变化。应对人类面临的新挑战，推动人类社会朝着更加合理美好方向发展，需要国际社会各种力量尤其是政党力量的协同努力。明确政党的历史责任、肯定政党的进步作用，既体现了中国共产党人胸怀天下的格局，也体现了中国共产党人求同存异、凝聚人类发展合力的使命担当。

在当今世界政治舞台，因意识形态的差异和价值取向不同，政党之间一直存在比较严重的成见或偏见，这在很大程度上制约了政党之间的交往交流，难以形成政党互信，也难以实现共同目标。在有的国家，政党内斗导致内耗不止，自身建设也陷入困境。明确政党责任，强调政党自身建设，倡导政党要担负起为人类谋进步的使命，尤其是提出在新型国际关系基础上建立新型政党关系，促进政党之间的交流合作，这些理念适应当今世界政党政治的现实需要，有助于促进各政党超越各种利益关系的掣肘，形成同心同力解决困扰当今世界问题的政治合力。

综上所述，习近平新时代中国特色社会主义思想中的原理性理论成果，包含着对马克思主义世界观方法论的科学运用，包含着对中华优秀传统文化的吸纳，也包含着对人类思想文化精华的借鉴和升华，集中体

---

① 习近平：《携手建设更加美好的世界——在中国共产党与世界政党高层对话会上的主旨讲话》，北京：人民出版社，2017，第7页。
② 《马克思恩格斯选集》第1卷，北京：人民出版社，1995，第307页。

现了以习近平同志为主要代表的中国共产党人对马克思主义基本原理的创造性发展。这些原理性理论成果，不是独立于习近平新时代中国特色社会主义思想的理论体系之外的，而是这一理论体系中的重要内容，蕴含在这一理论体系的新理念新论断之中。之所以称其为原理性理论成果，就在于它们是基础性、规律性的理论认识和判断，具有普遍意义，为认识当代中国和当今世界发展提供了理论基础和理念支撑。深刻理解和把握这些原理性理论成果，有助于更好认识和把握社会发展进程，更好认识和解决社会实践中的新问题。

习近平总书记关于坚持实事求是的重要论述及其价值[*]

杨玉成[**]

摘 要 "实事求是"的思想方法是党的思想路线的核心，党的思想路线也因此经常被称为"实事求是的思想路线"。党的十八大以来，习近平总书记高度重视对我们党坚持实事求是的历史经验进行总结，进一步深化对党的实事求是的思想路线和实事求是的思想方法的理论认识，深刻阐明了为什么要坚持实事求是、什么是坚持实事求是、怎样坚持实事求是、坚持实事求是的难点和落脚点在哪里等一系列重要问题。习近平总书记关于坚持实事求是的重要论述是对中国共产党的实事求是的思想路线和思想方法的坚持、丰富与发展，我们必须深刻领会和把握，并在思想和工作中切实贯彻落实。

关键词 实事求是；思想路线；思想方法

一 高度重视对坚持实事求是进行理论阐述

（一）为什么要坚持实事求是？

习近平总书记从理论和实践两个方面阐述了我们党为什么要坚持实

---

* 基金项目：本文为国家社科基金项目"习近平新时代中国特色社会主义思想方法论研究"（20BKS063）的阶段性成果。

** 作者简介：杨玉成，中共中央党校（国家行政学院）哲学教研部教授，主要研究方向为习近平新时代中国特色社会主义思想方法论。

事求是。2015 年 1 月，他在主持十八届中央政治局第 20 次集体学习时的讲话中对为什么要坚持一切从实际出发作出理论阐述。他说："世界物质统一性原理是辩证唯物主义最基本、最核心的观点，是马克思主义哲学的基石。""遵循这一观点，最重要的就是坚持一切从客观实际出发，而不是从主观愿望出发。"① 这实际上就是明确指出，坚持实事求是是中国共产党人所遵循的辩证唯物主义的"世界物质统一性原理"的根本要求。

习近平总书记指出："我们党是靠实事求是起家和兴旺发展起来的。"② "回顾我们党 90 多年的历史可以清楚地看到，什么时候坚持实事求是，党就能够形成符合客观实际、体现发展规律、顺应人民意愿的正确路线方针政策，党和人民事业就能够不断取得胜利；反之，离开了实事求是，党和人民事业就会受到损失甚至严重挫折。"③

（二）什么是坚持实事求是？

中国共产党对"实事求是"的深刻认识经历了一个不断深化和拓展的过程。1941 年在《改造我们的学习》中毛泽东指出："'实事'就是客观存在着的一切事物，'是'就是客观事物的内部联系，即规律性，'求'就是我们去研究。我们要从国内外、省内外、县内外、区内外的实际情况出发，从其中引出其固有的而不是臆造的规律性，即找出周围事变的内部联系，作为我们行动的向导。"④ 毛泽东在这里所讲的"实事求是"实际上主要是指获得关于事物的规律性认识的思想方法，即从实际情况（感性材料）出发，经过研究（理性思维加工），获得关于事物的理性认识或理论认识。这个作为思想方法的"实事求是"可

---

① 习近平：《辩证唯物主义是中国共产党人的世界观和方法论》，《思想政治工作研究》2019 年第 2 期。
② 《十八大以来重要文献选编》下卷，北京：中央文献出版社，2018，第 749 页。
③ 《习近平党校十九讲》，北京：中共中央党校出版社，2014，第 276 页。
④ 《毛泽东选集》第 3 卷，北京：人民出版社，1991，第 801 页。

以说是狭义的"实事求是"。同时，毛泽东对"实事求是"的内涵进行了引申和拓展：从术语上看，他并没有把实事求是称为"思想方法"，而是把它称为"态度"或"作风"。他把实事求是态度与主观主义态度进行深刻的对比，认为主观主义态度是"理论脱离实际"的态度，是党性不纯的一种表现；而实事求是态度是党性的表现，是"从实际情况出发""理论和实践统一"的马克思列宁主义的作风。这里所说的"态度"或"作风"主要是指学习马克思主义理论的态度或作风，特别是对待马克思主义理论与中国实践之关系的态度或作风，实质上指的是认识世界和改造世界的态度或作风，也就是思想方法和工作方法。刘少奇在1962年扩大的中央工作会议上指出"必须把树立实事求是的作风，作为加强党性的第一个标准……坚持马克思列宁主义的实事求是的态度"①，实质上也是把实事求是看作思想方法和工作方法。陈云把党的"实事求是"思想方法和工作方法提升到党的思想路线高度加以认识。他指出："实事求是，这不是一个普通的作风问题，这是马克思主义唯物主义的根本思想路线问题。"② 1978年6月邓小平在全军政治工作会议上把实事求是看作"马克思主义的根本观点，根本方法"，把按照实际情况决定工作方针看作"最基本的思想方法、工作方法"。③ 1979年邓小平正式使用"思想路线"概念，指出："就全国范围来说，就大的方面来说，通过实践是检验真理唯一标准和'两个凡是'的争论，已经比较明确地解决了我们的思想路线问题，重新恢复和发展了毛泽东同志倡导的实事求是、理论联系实际、一切从实际出发的思想路线。"④ 从1980年开始，邓小平不断深化"实事求是"思想路线的内涵。他指出："马克思、恩格斯创立了辩证唯物主义和历史唯物主义的思想路

① 《刘少奇选集》下卷，北京：人民出版社，1985，第397~398页。
② 《陈云文集》第3卷，北京：中央文献出版社，2005，第441页。
③ 《邓小平文选》第2卷，北京：人民出版社，1994，第114页。
④ 《邓小平文选》第2卷，北京：人民出版社，1994，第190页。

线。毛泽东同志用中国语言概括为'实事求是'四个大字。实事求是，一切从实际出发，理论联系实际，坚持实践是检验真理的标准，这就是我们党的思想路线。"① 1982 年《中国共产党章程》规定："党的思想路线是一切从实际出发，理论联系实际，实事求是，在实践中检验真理和发展真理。"② 此后，在历次修订的《中国共产党章程》中，这一经典表述得到延续。

由此可见，从总体上看，我们党对"实事求是"内涵的认识有一个从"思想方法"到"思想路线"的延伸和拓展过程。作为思想方法的"实事求是"可以说是狭义的实事求是，作为思想路线的"实事求是"可以说是广义的"实事求是"。政党的思想路线是自身认识和思考问题的根本遵循，即认识和思考问题所遵循的根本方向、根本路径、根本原则和根本方法。"思想路线"概念比"思想方法"概念更具有综合性和原则性，它涵盖思想方法，但又不仅仅指思想方法，还包括认识的起源、认识的原则、认识的检验标准等含义。

习近平总书记主要是从广义的实事求是（即从思想路线角度）来论述实事求是的。2013 年 12 月 26 日，习近平总书记在纪念毛泽东同志诞辰 120 周年座谈会上的讲话中指出："实事求是，是马克思主义的根本观点，是中国共产党人认识世界、改造世界的根本要求，是我们党的基本思想方法、工作方法、领导方法。"③ 这段话中的"实事求是"指的就是"实事求是的思想路线"，它涵盖马克思主义认识论的根本原则、根本观点和根本方法等多重含义。习近平总书记对坚持实事求是的含义进行了深刻阐述，指出："坚持实事求是，就是坚持一切从实际出发来研究和解决问题，坚持理论联系实际来制定和形成指导实践发展的

① 《邓小平文选》第 2 卷，北京：人民出版社，1994，第 278 页。
② 《十二大以来重要文献选编》上卷，北京：人民出版社，1986，第 67 页。
③ 习近平：《在纪念毛泽东同志诞辰 120 周年座谈会上的讲话》，北京：人民出版社，2013，第 15 页。

正确路线方针政策，坚持在实践中检验真理和发展真理。"①

1. 坚持一切从实际出发

辩证唯物主义认为，外部世界是不以人的主观意志为转移的客观实在，人们想要正确认识外部世界，就必须"按照事物的真实面目及其产生情况来理解事物"。② 这是正确认识事物的基本原则。由此，习近平总书记强调："我们坚持以马克思主义为指导，是要运用其科学的世界观和方法论解决中国的问题，而不是要背诵和重复其具体结论和词句，更不能把马克思主义当成一成不变的教条。我们必须坚持解放思想、实事求是、与时俱进、求真务实，一切从实际出发。"③ "实际事物是具体的，而本本是对实际事物研究、抽象的结果，不能成为研究问题和作决策的出发点，出发点只能是客观实际。"④ 对于当代中国而言，坚持一切从实际出发，既要清醒地认识到我国社会主义初级阶段的长期性，想问题、作决策、办事情要从这个"最大的国情"和"最大的实际"出发，又要看到整个社会主义初级阶段各个时期的不同特点，努力掌握不断变化的客观实际，不断开拓创新；既要反对"过"，也要反对"不及"，也就是说，既要反对超越现实、超越阶段"急于求成"，也要反对落后于现实和实际变化的"因循守旧"和"故步自封"。

2. 坚持理论联系实际

坚持一切从实际出发来研究和解决问题，并不是不要理论指导，不是脱离实际胡思乱想和瞎干蛮干，而是要求我们坚持理论联系实际来研究和解决问题。"理论是从实践中产生的，理论是否正确还要接受实践检验并要在实践中得到丰富和发展；同时，理论只有与实际紧密联系，

---

①　《习近平党校十九讲》，北京：中共中央党校出版社，2014，第 275 页。

②　《马克思恩格斯选集》第 1 卷，北京：人民出版社，2012，第 156 页。

③　习近平：《高举中国特色社会主义伟大旗帜　为全面建设社会主义现代化国家而团结奋斗——在中国共产党第二十次全国代表大会上的报告》，北京：人民出版社，2022，第 17 页。

④　《习近平党校十九讲》，北京：中共中央党校出版社，2014，第 276 页。

才能发挥对实践的指导作用，实现自身的价值和意义。理论如果脱离了实际，就会成为僵化的教条，就会失去其活力与生命力。理论家如果脱离了社会实践，只是从书本上来到书本上去，就会成为空洞的理论家，而不可能成为党和人民所要求的实际的理论家。……对待西方经济学、政治学等方面的理论著作和资本主义经济发展的经验，要注意分析、研究并借鉴其中于我们有益的成分，但决不能离开中国实际而盲目照搬照套。"①

坚持理论联系实际，一方面固然是要深入系统地了解和掌握实际，另一方面也必须掌握先进的理论工具，特别是"一定要打牢马克思主义理论功底，这是坚持实事求是的理论基础"②。其原因在于，没有先进的科学理论作为指导，我们既不知道要去了解和掌握哪些实际，也不知道如何对大量实际材料进行理性加工从而获得对事物本质和规律的认识，这就难以真正做到实事求是。当然，要真正掌握马克思主义理论，就必须克服教条主义态度，用科学态度对待马克思主义理论，把它作为行动的指南，运用它的基本立场、观点、方法去分析和解决问题。

3. 坚持实事求是的思想方法

这里所说的"实事求是的思想方法"指的是党的思想路线中的"实事求是"环节，也就是我们前面所说的狭义的"实事求是"。在坚持党的思想路线的诸环节中，一切从实际出发是前提，理论联系实际是关键，实事求是则是核心。尽管"一切从实际出发"和"理论联系实际"这两个环节是不可或缺的，但它们又是服务于"实事求是"这个环节的。我们坚持一切从实际出发和坚持理论联系实际的意义，就在于探求事物运动和发展的规律，并用这种规律来指导我们认识和改造世界的活动。

习近平总书记针对作为党的思想路线之重要内容的实事求是的思想

---

① 《习近平党校十九讲》，北京：中共中央党校出版社，2014，第277页。
② 《习近平党校十九讲》，北京：中共中央党校出版社，2014，第282页。

方法作了深刻阐述，指出："坚持实事求是，就要深入实际了解事物的本来面貌。要透过现象看本质，从零乱的现象中发现事物内部存在的必然联系，从客观事物存在和发展的规律出发，在实践中按照客观规律办事。"① 实事，"就是了解实际、掌握实情"。② 对于各级领导干部而言，要真正做到掌握实情，必须把做好调查研究作为一项基本功，坚持对实际情况作深入系统而不是粗枝大叶的调查研究。只有通过深入调查，才能掌握全面、真实、丰富、生动的第一手材料，这是各级领导干部进行一切科学决策所必需的前提和基础。对于如何做到深入调查，习近平总书记指出："要眼睛向下、脚步向下，经常扑下身子、沉到一线，近的远的都要去，好的差的都要看，干部群众表扬和批评都要听，真正把情况摸实摸透。……既要'身入'基层，更要'心到'基层，听真话、察真情，真研究问题、研究真问题，不能搞作秀式调研、盆景式调研、蜻蜓点水式调研。"③ 求是，"就是探求和掌握事物发展的规律"。④ 这就要求我们对通过深入系统的调查而获得的丰富而又生动的感性材料进行理性加工。"通过深入实际调查研究，把大量和零碎的材料经过去粗取精、去伪存真、由此及彼、由表及里的思考、分析、综合，加以系统化、条理化，透过纷繁复杂的现象抓住事物的本质，找出它的内在规律，由感性认识上升为理性认识，在此基础上作出正确的决策，这本身就是领导干部分析和解决问题本领的重要反映，也是领导干部思想理论水平和工作水平的重要反映。"⑤

4. 在实践中检验真理和发展真理

人的认识来源于实践，但是并非从实践中产生的所有认识都是真理，有些认识只具有部分真理性，有些认识甚至根本不具有任何真理

① 《习近平谈治国理政》，北京：外文出版社，2014，第25~26页。
② 《习近平党校十九讲》，北京：中共中央党校出版社，2014，第278页。
③ 《习近平谈治国理政》第4卷，北京：外文出版社，2022，第526页。
④ 《习近平党校十九讲》，北京：中共中央党校出版社，2014，第281页。
⑤ 《习近平党校十九讲》，北京：中共中央党校出版社，2014，第257页。

性。因此，任何认识都要经过检验，以辨明其真伪。那么，用什么样的标准可以辨明认识是否具有真理性及其真理性程度？辩证唯物主义认识论认为，实践是检验认识真理性的唯一标准。同时，客观事物本身是变动发展的，实践要求我们的认识必须随之不断创新发展。习近平总书记指出："实践没有止境，理论创新也没有止境。"① 由此可见，人们的"求是"或"求真"活动不是一蹴而就的，更不是一劳永逸的，它有一个从实践到认识、再从认识到实践的循环往复、螺旋上升的过程。在认识和实践的关系问题上，辩证唯物主义认识论坚持认识和实践的辩证统一原理，认为实践是认识的基础，认识对实践又有反作用。我们在实践中积累经验，通过抽象思维上升为理性认识（包括思想、理论、路线、方针、政策、规划、战略等），再用这些理论认识指导实践，推动实践发展，并在实践中验证认识，推动认识不断丰富和发展。党的十九届六中全会通过的决议把"坚持理论创新"纳入党百年奋斗历程的"十个坚持"之一，这是对我们党结合新的实践不断丰富和发展马克思主义理论的历史经验的重要提炼和概括。

（三）如何做到坚持实事求是？

习近平总书记指出，坚持实事求是，必须把它"同解放思想、与时俱进有机统一起来"。② 解放思想是实事求是的前提条件。只有不断地解放思想，才能把我们的思想认识从各种不合时宜的观念、体制机制的束缚中解放出来，研究新情况、总结新经验、解决新问题，这样才能使我们的思想认识符合不断发展变化着的客观实际，才能真正做到实事求是。与时俱进是实事求是的必然要求。随着时间的推移和时代的前进，客观实际必然会发生变化发展，我们的思想认识必须跟上时代的脚步，与时代同行。

---

① 《习近平著作选读》第 2 卷，北京：人民出版社，2023，第 22 页。
② 《习近平党校十九讲》，北京：中共中央党校出版社，2014，第 190 页。

坚持实事求是要与党的工作路线即群众路线相结合，二者"相辅相成、在本质要求上完全统一的"。① 一方面，从思想方法角度来看，实事求是的过程就是在实践基础上认识世界的过程，这个过程要通过"从群众中来"才能实现；另一方面，从工作方法角度来看，实事求是过程又是在实践基础上改造世界的过程，这一过程只能通过"到群众中去"才能实现。

坚持实事求是，必须"敢"字当头。一些干部经常说，"实事求是说起来容易做起来难"。针对这样的难题或疑惑，习近平总书记指出："要做到实事求是，不仅要有正确的思想方法和工作方法，还必须有公而忘私和不计个人得失的品格。"② 一些领导干部缺乏担当的精神和勇气，害怕承担责任，总是"唯上、唯书"，不敢从实际出发，不敢坚持真理；还有一些领导干部搞"形象工程"和"政绩工程"，就是由于缺乏"一张蓝图绘到底""功成不必在我任期"的理想和境界。因此，敢不敢坚持实事求是，是对领导干部的政治立场、党性修养和道德品质的重要考验。因此，习近平总书记强调："领导干部必须带头加强党性修养，带头践行全心全意为人民服务的根本宗旨，为了人民利益敢于坚持真理、修正错误，自觉为党分忧、为国尽责、为民奉献，以坚强的党性来保证做到实事求是。"③ 2021 年 9 月，习近平总书记在中共中央党校（国家行政学院）中青班开班式上的讲话中再次明确指出："坚持实事求是最需要解决的是党性问题。"④

坚持实事求是必须坚持以"实"为重。早在 1990 年所写的《从政杂谈》一文中，习近平就指出："把实事求是精神贯彻到为人处世上，就是说老实话，办老实事，做老实人。""说老实话，办老实事，做老

---

① 《习近平党校十九讲》，北京：中共中央党校出版社，2014，第 281 页。
② 《习近平党校十九讲》，北京：中共中央党校出版社，2014，第 283 页。
③ 《习近平党校十九讲》，北京：中共中央党校出版社，2014，第 283 页。
④ 《习近平谈治国理政》第 4 卷，北京：外文出版社，2022，第 527 页。

实人，首先要一切从实际出发，尊重事实，尊重科学，敢于坚持真理，遇事不随风倒。"① 在浙江，他一再强调"干在实处"，强调"不兴伪事兴务实"，强调"务实之人，一般都是愿听真话、敢讲真话、勇于负责、善抓落实之人"，"求真务实，真抓实干，才能真正干出有益于党和人民事业发展的实事，真正建立经得起历史检验的实绩"。② 2012 年5 月，习近平在中央党校的讲话中强调："说老实话、办老实事、做老实人，这是坚持实事求是的作风保证。"③ 他要求领导干部"要做到讲实情、出实招、办实事、求实效"。④ 讲实情就是按照事物的本来面貌来讲，出实招就是按照实际情况来办，办实事就是从具体事情来做，求实效就是狠抓落实、抓则必成。

二　把坚持实事求是贯彻到治国理政的各项实践中

党的十八大以来，习近平总书记不仅在多个场合对坚持实事求是进行强调和阐述，而且把坚持实事求是贯穿于治国理政的全部实践中。特别是以习近平同志为核心的党中央对当代中国实际作出实事求是的分析和判断，并在此基础上谋划我国大政方针、战略部署和政策措施，推动党和国家事业发生历史性变革、取得历史性成就。

2012 年习近平总书记提出，"实现中华民族伟大复兴，就是中华民族近代以来最伟大的梦想"，并强调我们现在"比历史上任何时期都更有信心、有能力实现这个目标"。⑤ 此后，以习近平同志为核心的党中央"立足中国发展实际，坚持问题导向，逐步形成并积极推进全面建

---

① 习近平：《摆脱贫困》，福州：福建人民出版社，1992，第 34 页。
② 习近平：《之江新语》，杭州：浙江人民出版社，2007，第 240 页。
③ 《习近平党校十九讲》，北京：中共中央党校出版社，2014，第 283 页。
④ 《习近平党校十九讲》，北京：中共中央党校出版社，2014，第 283 页。
⑤ 《习近平谈治国理政》，北京：外文出版社，2014，第 35~36 页。

成小康社会、全面深化改革、全面依法治国、全面从严治党的战略布局"。① 这个战略布局就是在我国新的历史条件下确定的治国理政总方略，是事关党和国家长远发展的总战略，也可以说是实现中华民族伟大复兴中国梦的战略布局。

2015 年 10 月党的十八届五中全会根据我国发展环境和发展条件的新变化，适时创新发展理念，提出创新、协调、绿色、开放、共享的新发展理念。以习近平同志为核心的党中央坚持以新发展理念引领经济发展新常态，坚持创新发展、推动经济增长动能转换，坚持协调发展、增强发展的整体性，坚持绿色发展、增强发展的可持续性，坚持开放发展、打造对外开放新格局，坚持共享发展、增强人民获得感幸福感安全感，推动我国经济社会发展取得重大成就。

2017 年，党的十九大报告强调："中国特色社会主义进入新时代，我国社会主要矛盾已经转化为人民日益增长的美好生活需要和不平衡不充分的发展之间的矛盾。""我国仍处于并将长期处于社会主义初级阶段的基本国情没有变，我国是世界最大发展中国家的国际地位没有变。"② 这样的"一个转化、两个没有变"论断既不超前也不滞后，体现的就是"一切从实际出发、实事求是"这个根本原则。正是在这样一个符合客观实际的重大政治论断基础上，党的十九大对决胜全面建成小康社会、开启全面建设社会主义现代化国家新征程进行战略规划，并对"五位一体"总体布局、国防军队建设、坚持"一国两制"、构建人类命运共同体和党的建设等进行战略部署。

党的十九届三中全会既指出党和国家机构历次改革的重要作用，又实事求是地作出"深化党和国家机构改革"的新的战略部署。党的十九届四中全会进一步对坚持和完善党和国家根本制度、基本制度和重要

---

① 《习近平谈治国理政》第 2 卷，北京：外文出版社，2017，第 25 页。
② 《习近平著作选读》第 2 卷，北京：人民出版社，2023，第 9~10 页。

制度进行部署。党的十九届五中全会既全面总结了我国决胜全面建成小康社会所取得的决定性成就，又实事求是地分析了我国发展环境面临深刻复杂变化，要求全党"深刻认识我国社会主要矛盾变化带来的新特征新要求，深刻认识错综复杂的国际环境带来的新矛盾新挑战"①，并作出全面贯彻新发展理念、构建新发展格局等战略部署。

党的二十大报告在全面总结以往成就的基础上，实事求是地指出党和国家事业发展中的一些不足、困难和问题，包括发展不平衡不充分问题仍然突出，推进高质量发展还有许多卡点瓶颈，科技创新能力还不强，粮食、能源、产业链供应链和金融等领域还存在不容忽视的风险隐患，等等。在直面这些问题的基础上，党的二十大报告提出"要把握好新时代中国特色社会主义思想的世界观和方法论"②，并对全面建成社会主义现代化强国和推进中华民族伟大复兴进行战略谋划，对党的二十大之后一段时期党和国家事业发展进行具体部署。

党的二十届三中全会科学地分析了进一步全面深化改革的重要性和必要性，坚持解放思想、实事求是、与时俱进、求真务实，与党的十八届三中全会提出的全面深化改革的总目标相衔接，指出"进一步全面深化改革的总目标是继续完善和发展中国特色社会主义制度，推进国家治理体系和治理能力现代化"③，体现出"一张蓝图绘到底"的坚强决心。

以上论述表明，习近平总书记关于坚持实事求是的重要论述完全契合马克思主义认识论所主张的从实践到认识、再从认识到实践循环往复、螺旋上升的认识辩证运动过程。从总体上看，习近平总书记关于实事求是的思想路线和思想方法的重要论述，内容丰富、分析透彻、思想深刻，是对中国化的马克思主义思想路线和思想方法的继承、丰富和发展。

---

① 《十九大以来重要文献选编》中卷，北京：中央文献出版社，2021，第789页。
② 习近平：《高举中国特色社会主义伟大旗帜　为全面建设社会主义现代化国家而团结奋斗——在中国共产党第二十次全国代表大会上的报告》，北京：人民出版社，2022，第18页。
③ 本书编写组编著《党的二十届三中全会〈决定〉学习辅导百问》，学习出版社、党建读物出版社，2024，第3页。

习近平总书记关于廉洁文化建设重要论述的重大贡献*

摘 要 廉洁文化是中华文化的重要组成部分，历史悠久、命脉绵长。廉洁文化作为社会意识形态的一部分，是对社会存在的深刻反映。廉洁文化建设事关强国建设、民族复兴。习近平总书记关于廉洁文化建设的重要论述，既是习近平文化思想的重要内容，也体现在习近平总书记关于党的自我革命的重要思想之中，是马克思主义文化理论的重要创新，是马克思主义执政党建设理论的重要发展。习近平总书记关于廉洁文化建设的重要论述对马克思主义廉洁文化理论作出了原创性贡献，对中华优秀传统廉洁文化作出了历史性贡献，对马克思主义执政党自身建设作出了突破性贡献，也对国际社会开展治国理政交流互鉴作出了世界性贡献，具有重大的理论意义和实践意义、历史意义和时代意义。

关键词 廉洁文化建设；习近平文化思想；全面从严治党；反腐倡廉；人类文明

　　建设廉洁文化是新时代贯彻习近平文化思想的基本要求，是推进全

---

* 基金项目：本文为 2024 年度辽宁省社科规划基金重点建设学科项目"更好担负起新的文化使命的辽宁实践研究"（L24ZD034）的阶段性成果。

** 作者简介：房广顺，辽宁大学马克思主义学院教授，博士生导师，主要研究方向为马克思主义中国化进程与规律研究；闫鑫，辽宁大学马克思主义学院博士研究生，主要研究方向为马克思主义中国化。

面从严治党、推进党的自我革命的重要举措。党的十八大以来，习近平总书记反复强调加强"廉政文化""廉洁文化"建设①。习近平总书记关于廉洁文化建设的重要论述，既是习近平总书记关于党的自我革命的重要思想的重要内容，也是习近平文化思想的重要组成部分，是当代中国廉洁文化建设的理论指导和行动指南。这些重要论述，是习近平总书记传承、坚持、发展马克思主义廉洁文化理论和中华优秀传统廉洁文化的重大贡献，也是对马克思主义执政党自身建设和国际社会治国理政交流互鉴作出的重大贡献。

一 习近平总书记关于廉洁文化建设的重要论述对马克思主义廉洁文化理论作出了原创性贡献

廉洁文化建设是我国意识形态工作的重要方面，也是全面从严治党和党的自我革命的一项重要工作，是马克思主义廉洁文化理论在中国的运用和发展。中国共产党自诞生之日起，就把马克思主义作为根本指导思想。马克思主义经典作家在对资本主义社会的批判和对科学社会主义的阐发中，阐述了丰富的廉洁文化思想，为当代中国的廉洁文化建设提供了理论指导。在新时代全面推进党的自我革命的背景下，习近平总书记关于廉洁文化建设的重要论述，体现了马克思主义廉洁文化理论的思

---

① 党的十八大以来，习近平总书记首次阐述廉洁文化建设是 2013 年 1 月 22 日在十八届中央纪委第二次全体会议上的重要讲话，提出了"要加强反腐倡廉教育和廉政文化建设"的要求（《十八大以来重要文献选编》上卷，北京：中央文献出版社，2014，第 135 页）。2020 年 1 月 13 日，习近平总书记在十九届中央纪委第四次全体会议上的重要讲话中提出要"靠涵养廉洁文化，夯实不忘初心、牢记使命的思想根基"（《十九大以来重要文献选编》中卷，北京：中央文献出版社，2021，第 388 页）。2022 年 1 月 18 日，习近平总书记在十九届中央纪委第六次全体会议上的重要讲话中要求"领导干部特别是高级干部要带头落实关于加强新时代廉洁文化建设的意见"（《习近平谈治国理政》第 4 卷，北京：外文出版社，2022，第 551 页）。党的二十大报告也提出"加强新时代廉洁文化建设"（习近平：《高举中国特色社会主义伟大旗帜 为全面建设社会主义现代化国家而团结奋斗——在中国共产党第二十次全国代表大会上的报告》，北京：人民出版社，2022，第 69 页）。

想精髓，推动了马克思主义廉洁文化理论的当代发展。

（一）深刻阐述廉洁文化在社会主义现代化建设中的战略地位，发展了马克思主义建设廉价政府的思想

马克思在总结巴黎公社的经验教训时，提出了建设为人民群众服务的廉价政府的观点。马克思指出，"公社能使农民免除血税，能给他们一个廉价政府"①，是能够彻底摆脱腐败的资本主义制度的新的国家机器。列宁进一步指出，"公社……是'终于发现的'、可以而且应该用来代替已被打碎的国家机器的政治形式"②，强调无产阶级政党和无产阶级专政的国家绝不能容忍腐败现象。党的十八大以来，习近平总书记坚持和发展马克思主义廉价政府理论和廉洁文化思想，从社会主义现代化建设全局的高度认识和对待廉洁文化建设，以人民群众满意不满意作为衡量和判断廉洁文化建设成效的根本标准，以全新的思维拓宽了廉洁文化的视野。进入新时代，以习近平同志为核心的党中央以廉洁文化为精神引领，贯彻落实新发展理念，将全民共享、全面共享、共建共享、渐进共享落到实处，扎实推进全体人民共同富裕，积极推进以全过程人民民主为特征的民主政治建设，保障人民当家作主，把马克思主义廉价政府的主张转化为建设廉洁文化的实践。

（二）深刻阐述社会主义廉洁文化与资本主义廉洁文化的本质区别，科学界定了社会主义廉洁文化的性质和功能

廉洁文化古已有之，但任何时代的廉洁文化都必然同一定历史阶段的社会制度相联系。马克思主义经典作家深刻揭示了资产阶级所倡导的"廉洁"维护资本主义私有制和雇佣劳动的本质，认为这种"廉洁"丝毫不能改变资本家对工人阶级的赤裸裸的剥削和压迫。只有无产阶级推

---

① 《马克思恩格斯选集》第3卷，北京：人民出版社，2012，第105页。
② 《列宁选集》第3卷，北京：人民出版社，2012，第160页。

翻资本主义制度，建立公有制，实现人民当家作主，才能建设真正意义上的廉价政府和廉洁文化。社会主义廉洁文化以马克思主义为理论指导，以社会主义公有制为制度基础，以无产阶级政党的政治领导为根本保证，具有鲜明的特点和优势。一是社会主义廉洁文化与资本主义廉洁文化产生的社会属性不同，具有维护公平正义的社会优化功能。与资本主义廉洁文化所立足的私有制社会不同，社会主义廉洁文化是为实现全人类的彻底解放和消灭剥削服务的，"把促进社会公平正义作为核心价值追求"。① 公平、正义、廉洁、和谐等价值理念反映了社会主义廉洁文化的理论品格和本质属性。二是社会主义廉洁文化与资本主义廉洁文化的根本立场不同，具有保障人民根本利益的价值规范功能。资本主义社会的廉洁文化成果为剥削者所有，为少数人享用。在社会主义社会，人民群众的主体性地位得到维护，廉洁文化是全社会共有的精神财富，由人民创造、人民共享，进而促进每个人自由全面发展。三是社会主义廉洁文化与资本主义廉洁文化的价值旨归不同，具有推动社会主义社会发展的激励引导功能。资本主义廉洁文化的价值趋向锚定赤裸裸的拜金主义和极端利己主义，实际上是崇尚唯我的自我中心主义，以是否损害统治阶级的利益为评判标准。社会主义廉洁文化以全体人民的根本利益为核心价值。共产党从不代表任何利益集团或权势团体、特权阶层，除了人民的利益没有任何特殊的利益。社会主义廉洁文化渗透于中国式现代化建设的全过程和各方面，根本的价值旨归在于不断提升社会生产力，以人的全面发展推动中华民族伟大复兴，推进共产主义伟大历史进程。

（三）深刻阐述廉洁文化建设必须坚持党的领导权、管理权、话语权的思想，丰富了马克思主义廉洁文化建设思想

马克思恩格斯指出："任何一个时代的统治思想始终都不过是统治

---

① 《习近平谈治国理政》，北京：外文出版社，2014，第147页。

阶级的思想。"① 廉洁文化亦是如此。建设社会主义廉洁文化必须坚持无产阶级政党的领导。列宁指出，只有在"共产党的总的领导下，把自己的任务当做无产阶级专政任务的一部分来完成"，"才能认为是发展真正的无产阶级文化"。② 面对当前国际背景下不同国家和地区意识形态竞争较量激烈、思想文化相互激荡的复杂形势，习近平总书记强调："必须把意识形态工作的领导权、管理权、话语权牢牢掌握在手中。"③ 这既是对马克思主义文化领导权理论的科学继承，也是对意识形态工作战略地位的明确要求。一是必须坚持党对廉洁文化建设的领导权。中国共产党是马克思主义执政党，党的初心和使命源于马克思主义的政治立场和价值旨趣。在当代中国，以马克思主义廉洁文化理论为指导，传承发展中华优秀传统廉洁文化，建设社会主义廉洁文化，必须坚持党的领导。二是必须坚持党对廉洁文化建设的管理权。掌握思想宣传以及意识形态方面的管理权，要通过明确廉洁文化建设，构建科学的制度体系，制定合理的建设规划，推进意识形态工作和文化建设管理的现代化，确保廉洁文化建设健康发展。三是必须坚持党对廉洁文化建设的话语权。"国际话语权是国家文化软实力的重要组成部分"④，是传播中国廉洁文化故事、营造廉洁社会氛围、塑造中国共产党清正廉洁国际形象的关键。建设中国特色社会主义廉洁文化必须以中国话语讲好廉洁故事、弘扬廉洁精神、缔造廉洁文化。

（四）深刻阐述廉洁文化建设要坚持以人民为中心，形成了全党全社会建设廉洁文化的生动局面

马克思主义深刻批判了资产阶级利己主义，要求无产阶级政党必须

---

① 《马克思恩格斯选集》第 1 卷，北京：人民出版社，2012，第 420 页。
② 《列宁选集》第 4 卷，北京：人民出版社，2012，第 299 页。
③ 《习近平关于社会主义文化建设论述摘编》，北京：中央文献出版社，2017，第 34 页。
④ 《习近平关于社会主义文化建设论述摘编》，北京：中央文献出版社，2017，第 203 页。

坚持以人民为中心，以维护人民的根本利益为宗旨。人民利益的维护不是专指经济利益，而是指经济发展、民主政治、精神文化等方面的利益。因此，廉洁文化建设的价值取向必须与维护人民利益的根本方向相吻合。面对复杂严峻的反腐形势，必须贯彻人民至上理念，坚持人民群众的主体地位，这是事关廉洁文化建设的立场问题。一是人民群众是推动廉洁文化建设的根本动力。廉洁文化源于人民群众的精神创造，中国特色社会主义廉洁文化建设是对过去人民创造成果的有效传承，更肩负着新时代激发全体人民历史主动精神的时代使命，进而不断提升廉洁文化建设的质量。二是人民利益得失是评判廉洁文化建设的根本标准。"人民是我们党的工作的最高裁决者和最终评判者。"[①] 廉洁文化建设的成果好坏，归根到底反映在人民的权益是否得到真正维护、人民是否得到真正的实惠。三是以人民为中心是廉洁文化建设的根本立场。建设社会主义廉洁文化，"必须解决好'为了谁、依靠谁、我是谁'这个根本问题"[②]，紧紧依靠人民、服务人民，立足于满足人民对廉洁文化的需要，由人民共享廉洁文化建设的成果。

二　习近平总书记关于廉洁文化建设的重要论述对传承和发展中华优秀传统廉洁文化作出了历史性贡献

中华优秀传统廉洁文化集廉洁思想文化、廉洁制度文化、廉洁教育文化等内容于一体，是中华民族在长期历史发展中积淀下来的崇德尚廉智慧，"为新时代廉洁文化建设提供了深厚的思想文化基础，发挥着文化涵养和精神激励的作用"。[③] 新时代廉洁文化建设面临新的挑战，必

---

① 《习近平著作选读》第 1 卷，北京：人民出版社，2023，第 213 页。
② 《习近平关于社会主义文化建设论述摘编》，北京：中央文献出版社，2017，第 26 页。
③ 房广顺、闫鑫：《弘扬中华优秀传统廉洁文化的价值旨趣与推进路径》，《辽宁行政学院学报》2022 年第 5 期。

须保护好、传承好、发展好中华优秀传统廉洁文化这一宝贵财富。这既符合中华文明生生不息的发展规律，又是新时代"两个结合"的明确要求。新时代，以习近平同志为核心的党中央传承发展中华优秀传统廉洁文化，"以真理之光激活了中华文明的基因"①，不断推进思想理论创新，对中华优秀传统廉洁文化作出了重大历史性贡献。

（一）提出"两个结合"的科学的方法论原理，奠定了弘扬中华优秀传统廉洁文化的理论基石

习近平总书记指出："我们要坚持古为今用、推陈出新，使之成为新形势下加强反腐倡廉教育和廉政文化建设的重要资源。"②"把马克思主义基本原理同中国具体实际相结合、同中华优秀传统文化相结合"③，是不断开辟马克思主义中国化时代化新境界的根本路径。第一个结合侧重强调的是时代背景和客观条件，靶向在于解决新时代我国面临的主要问题，凸显了问题导向和目标导向的有机融通。"'第二个结合'是又一次的思想解放，让我们能够在更广阔的文化空间中，充分运用中华优秀传统文化的宝贵资源，探索面向未来的理论和制度创新。"④ 实现马克思主义廉洁文化理论与中华优秀传统廉洁文化的有效结合，要守好中华优秀传统廉洁文化这一"根脉"，铸好马克思主义廉洁文化理论这一"魂脉"。一是厘清"根脉"和"魂脉"的辩证关系。中华优秀传统廉洁文化的"根脉"和马克思主义廉洁文化理论的"魂脉"，是建设社会主义廉洁文化不可或缺的基因。要注重在新时代伟大实践中激发马克思

---

① 习近平：《在文化传承发展座谈会上的讲话》，北京：人民出版社，2023，第6页。
② 《习近平关于党风廉政建设和反腐败斗争论述摘编》，北京：中国方正出版社，2015，第140页。
③ 习近平：《高举中国特色社会主义伟大旗帜　为全面建设社会主义现代化国家而团结奋斗——在中国共产党第二十次全国代表大会上的报告》，北京：人民出版社，2022，第17页。
④ 习近平：《在文化传承发展座谈会上的讲话》，北京：人民出版社，2023，第8页。

主义与中华优秀传统文化之间"深刻的'化学反应'"①，使中华优秀传统廉洁文化"成为现代的"。② 二是充分发挥"根脉"和"魂脉"在廉洁文化建设中的重大作用，既守好"马克思主义在意识形态领域指导地位的根本制度"③ 之正，又大胆创新，"实现传统与现代的有机衔接"④，形成与新时代相适应的社会主义廉洁文化。三是在坚守"根脉"和"魂脉"中不断推进中国共产党廉洁文化建设的理论创新。只有切实守住"根脉"和"魂脉"，才能不断推动廉洁文化建设的理论创新，"让经由'结合'而形成的新文化成为中国式现代化的文化形态"。⑤

（二）倡导科学的世界观和方法论，实现了中华优秀传统廉洁文化价值理念和精神品格的发扬光大

唯物史观的创立为无产阶级和人民群众认识和改造世界提供了科学的世界观和方法论。中国共产党人坚持马克思主义的世界观和方法论，并使之与中华优秀传统文化相结合，在改造和转化中国传统哲学思想的过程中把唯物史观发展到了新的高度。中华民族在长期发展进程中形成了独具特色的精神世界，涵养了"百姓日用而不觉的价值观"。⑥ 中国共产党人的世界观和方法论，是马克思主义科学世界观方法论与中华优秀传统哲学思想的统一。马克思主义为我们探析中国传统廉洁智慧、把握中华优秀传统文化发展脉络，提供了最基本的世界观和方法论。中华优秀传统廉洁文化为当代廉洁文化建设提供了精神滋养。习近平新时代中国特色社会主义思想的世界观和方法论，是辩证唯物主义和历史唯物主义世界观和方法论的最新成果，它所蕴含的"六个必须坚持"实现

---

① 习近平：《在文化传承发展座谈会上的讲话》，北京：人民出版社，2023，第6页。
② 习近平：《在文化传承发展座谈会上的讲话》，北京：人民出版社，2023，第6页。
③ 习近平：《在文化传承发展座谈会上的讲话》，北京：人民出版社，2023，第11页。
④ 习近平：《在文化传承发展座谈会上的讲话》，北京：人民出版社，2023，第11页。
⑤ 习近平：《在文化传承发展座谈会上的讲话》，北京：人民出版社，2023，第6页。
⑥ 《习近平关于社会主义精神文明建设论述摘编》，北京：中央文献出版社，2022，第216页。

了马克思主义世界观和方法论的创新发展，是中华优秀传统廉洁文化的当代表达。一是"六个必须坚持"是对马克思主义基本理论的时代延展和内涵创新。廉洁文化建设归根到底是维护人民群众的利益，这不仅是马克思主义政治立场和群众史观的集中体现，也是传统民本思想的深刻彰显，社会主义廉洁文化建设要坚持"从中国基本国情出发，由中国人自己来解答"。① 二是"六个必须坚持"是对中华优秀传统文化的时代传承和当代发展。例如，必须坚持守正创新，就是结合新的时代条件，"以新的理论指导新的实践"②，不断推动传统理论实现有效传承。三是"六个必须坚持"是解决世界问题的科学之钥。廉洁文化建设要从问题出发，善于发现问题，并致力于解决问题。要坚持胸怀天下，既要构建中国的清廉政府、清明政治和清朗社会，也要为世界各国廉政建设贡献中国智慧。

（三）传承优秀的价值理念和道德观念，实现了中华优秀传统廉洁文化的创造性转化和创新性发展

加强新时代廉洁文化建设，必须传承和发展中华优秀传统伦理道德。习近平总书记强调"推进中华优秀传统文化创造性转化和创新性发展"③，其中当然包含中华优秀传统廉洁文化的创造性转化和创新性发展。一是培育公私分明、公而忘私的廉洁文化品格，继承为政清廉、秉公用权的传统廉洁道德操守，发展义利有别的道德观。党员干部要做到"大公无私、公私分明、先公后私、公而忘私"④，"明大德、守公

---

① 习近平：《高举中国特色社会主义伟大旗帜 为全面建设社会主义现代化国家而团结奋斗——在中国共产党第二十次全国代表大会上的报告》，北京：人民出版社，2022，第19页。

② 习近平：《高举中国特色社会主义伟大旗帜 为全面建设社会主义现代化国家而团结奋斗——在中国共产党第二十次全国代表大会上的报告》，北京：人民出版社，2022，第20页。

③ 《习近平关于社会主义精神文明建设论述摘编》，北京：中央文献出版社，2022，第118页。

④ 《习近平谈治国理政》，北京：外文出版社，2014，第394页。

德、严私德"①，以体现共产党人"为政清廉才能取信于民，秉公用权才能赢得人心"。② 二是涵养崇廉拒腐、担当作为的廉洁文化胸怀，传承崇德尚廉、持廉守正的传统廉洁文化精华，发展自强不息的人生观。"中华民族是历史悠久、饱经沧桑的古老民族，更是自强不息、朝气蓬勃的青春民族。"③ 中国共产党人应当有自强之气，以天下为己任，敢于担当、善于作为，切实整治好"形式主义、官僚主义、享乐主义和奢靡之风"。④ 三是尊崇尚俭戒奢、厉行节约的廉洁文化准则，营造戒奢崇俭、以俭养廉的新廉洁文明风尚，发展俭约自守的价值观。奢靡之风是廉洁文化建设的一大顽疾。必须坚持尚俭戒奢、厉行节约的廉洁文化准则，营造戒奢崇俭、以俭养廉的社会风尚。四是坚守甘于奉献、淡泊名利的廉洁文化操守，巩固克己奉公、清廉自守的传统廉洁精神境界，发展天下为公的民本观。新时代的廉洁文化建设工作必须把人民放在首位，从群众中来、到群众中去，依靠人民群众创造新时代社会主义廉洁文化。

三　习近平总书记关于廉洁文化建设的重要论述对马克思主义执政党自身建设作出了突破性贡献

党的十八大以来，以习近平同志为核心的党中央采取一系列措施加强党的自身建设，不断健全全面从严治党体系。从理论创新到实践探索，成功找到跳出"历史周期率"的第二个答案，敢于并善于推进党的自我革命。习近平总书记提出"一体推进不敢腐、不能腐、不想

---

① 《习近平谈治国理政》，北京：外文出版社，2014，第173页。
② 《习近平谈治国理政》，北京：外文出版社，2014，第385页。
③ 习近平：《论党的青年工作》，北京：中央文献出版社，2022，第1页。
④ 《十八大以来重要文献选编》上卷，北京：中央文献出版社，2014，第820页。

腐"①、"全面从严治党永远在路上"② 等一系列重要论述，是马克思主义中国化时代化廉洁文化理论的最新成果，对马克思主义执政党自身建设作出了突破性贡献。

（一）从理想信念信仰入手，"一体推进不敢腐、不能腐、不想腐"，占据中国共产党人保持廉洁作风的制高点

理想信念信仰是中国共产党人的政治灵魂，是保证党健康发展的强大精神力量。中国共产党从把牢"总开关"入手，依靠严惩做到"不敢腐"，依靠制度保证"不能腐"，依靠信念信仰确保"不想腐"，有效解决了廉洁文化建设的重点难点，占领了廉洁文化建设的制高点。关于何为廉洁文化建设中的信念信仰，习近平总书记强调："对马克思主义的信仰，对社会主义和共产主义的信念，是共产党人的政治灵魂。"③中国共产党人必须不断提升自身的道德修养，提升廉洁自律的精神境界，发挥廉洁自律的先锋模范作用。关于为何要加强中国共产党人的信念信仰培育，习近平总书记强调，有了坚定的理想信念，才能保证中国共产党"不变质、不变色、不变味"。④ 理想信念问题关乎全面从严治党成效，坚定正确的理想信念，有利于新时代党的建设新的伟大工程日臻完善。关于如何夯实中国共产党人信念之基和保持廉洁自律操守的路径，习近平总书记指出："信念是本，作风是形，本正而形聚，本不正则形必散。"⑤ 中国共产党人必须始终将为人民造福作为一切工作的价值旨归，持续打赢反腐败斗争持久战攻坚战，将人民对美好生活的向往作为奋斗目标。习近平总书记关于"一体推进不敢腐、不能腐、不

---

① 《习近平谈治国理政》第 3 卷，北京：外文出版社，2020，第 549 页。
② 《习近平著作选读》第 1 卷，北京：人民出版社，2023，第 52 页。
③ 《习近平关于社会主义精神文明建设论述摘编》，北京：中央文献出版社，2022，第 40 页。
④ 《习近平谈治国理政》第 4 卷，北京：外文出版社，2022，第 541 页。
⑤ 《习近平关于党风廉政建设和反腐败斗争论述摘编》，北京：中国方正出版社，2015，第146 页。

想腐"的重要论述抓住了廉洁文化建设的根本。

（二）抓住"关键少数"以上率下，压紧压实全面从严治党政治责任，有效把握廉洁文化建设的关键点

习近平总书记指出："领导干部特别是高级干部要带头落实关于加强新时代廉洁文化建设的意见，从思想上固本培元，提高党性觉悟，增强拒腐防变能力。"① 一是在廉洁文化建设工作中抓住"关键少数"，具有独特优势。一方面，抓住"关键少数"是破解"一把手"监督难题的重要法宝，能有效发挥廉洁文化在实际工作中的精神导向功能。另一方面，抓住"关键少数"是加强新时代纪检监察工作的核心要求，能充分体现廉洁文化对纪检监察的精神支撑效用。二是在廉洁文化建设中抓住"关键少数"，要采取切实可行的实践对策。一方面，要通过弘扬廉洁文化，采取一系列切实有效的方式规范权力运行，确保权力在阳光下运行，因为"阳光是最好的防腐剂"。② 另一方面，领导干部要重视家庭教育和家风培育。这是因为，领导干部的家风家教直接关系政风建设和党风建设，要用廉洁文化滋养"关键少数"的家风建设，妥善管理身边亲属。这是对马克思主义家庭观的发展，也是保证马克思主义执政党地位和涵养清廉党风的关键举措。

（三）坚持思想建党与制度治党相结合，建立并完善廉洁文化建设的制度体系，夯实廉洁文化建设的制度基础

中国共产党廉洁文化建设的基本经验表明，将思想建党与制度治党相结合是开展党的自我革命的优良传统，也是新时代廉洁文化建设的重要特征。一方面，思想建设始终贯穿党的百余年奋斗历程，为廉洁文化

---

① 《习近平谈治国理政》第4卷，北京：外文出版社，2022，第551页。
② 《习近平关于党风廉政建设和反腐败斗争论述摘编》，北京：中国方正出版社，2015，第126页。

建设持续发挥思想护航的作用。新时代思想建设最根本的就是要用党的创新理论成果武装全党，用马克思主义廉洁文化理论铸牢廉洁文化建设思想之魂。另一方面，制度建设是构建清正廉洁型政党的有力保障，健全反腐败法规制度体系是推进马克思主义制度治党理论中国化的重要动力。健全反腐败法规制度是党的制度建设在廉洁文化建设工作中发挥作用的桥梁，通过健全反腐败法规制度，能有效遏制腐败蔓延之势，"推动形成清清爽爽的同志关系、规规矩矩的上下级关系、亲清统一的新型政商关系"。[①] 进入新时代，党中央先后制定了《中国共产党廉洁自律准则》《关于新形势下党内政治生活的若干准则》《中国共产党纪律处分条例》等规章制度，建立了一系列有效的社会预警机制，构建了日益完备的廉洁文化建设保障体系。同时，依靠纪检监察工作、巡视工作有效夯实了廉洁文化建设的制度之基，不断"促进政治生态的山清水秀"。[②] 在新的历史起点上继续推进廉洁文化建设，必须将思想建党和制度治党有效结合，这既是对过去党的建设理论的积极传承，又能推动新时代反腐败斗争向纵深发展。

（四）突出"中央八项规定"，坚决纠治"四风"，找准了推进廉洁文化建设的切入点

党的十八大以来，以习近平同志为核心的党中央全面加强党的作风建设，打出了一套积极有效的"组合拳"。"中央八项规定"和纠治"四风"等规定和要求，是新时代党的作风建设的"切入口和动员令"[③]，也是推进廉洁文化建设的"切入口和动员令"。一是为实现党员干部"永葆清正廉洁的政治本色"[④]，新时代党的作风建设为廉洁文化建设打下

---

① 习近平：《在学习贯彻习近平新时代中国特色社会主义思想主题教育工作会议上的讲话》，北京：人民出版社，2023，第11页。
② 《习近平著作选读》第1卷，北京：人民出版社，2023，第524页。
③ 《习近平著作选读》第1卷，北京：人民出版社，2023，第87页。
④ 《习近平谈治国理政》第4卷，北京：外文出版社，2022，第32页。

坚实的历史基础，铸就了坚不可摧的思想长城。从纠正"四风"、落实"中央八项规定"开始，到接续开展主题教育，再到整体推进廉洁文化建设，凸显了以习近平同志为核心的党中央巨大的政治勇气和政治定力。二是为达到"以优良党风带动社风民风"①的廉洁文化建设效果，新时代党的作风建设为廉洁文化建设擘画了新的宏伟蓝图。习近平总书记突出强调实施"中央八项规定"的必要性和必然性，为廉洁文化建设指明了战略方向，表明廉洁文化建设要紧紧围绕从政风到社风民风的总设计，围绕"以优良党风带动社风民风"进行话语创新，以全媒体传播营造崇廉拒腐良好风尚。

四 习近平总书记关于廉洁文化建设的重要论述对国际社会开展治国理政交流互鉴作出了世界性贡献

加强政党之间的交流合作，为国际社会贡献中国廉洁文化建设智慧，是拓宽中国式现代化发展道路的有效之举。以习近平同志为核心的党中央将加强廉洁文化建设作为推进国家治理体系和治理能力现代化的重要组成部分，为全面深化改革提供有利契机和有力保障。倡导促进廉洁文化建设国际交流合作，有助于扫清腐败思潮的障碍，有助于增强全人类对清正廉洁价值观的文化认同。

（一）把廉洁文化理念融入全人类共同价值，为建设清廉的国际社会贡献中国智慧

习近平主席在联合国总部举行的第 70 届联合国大会一般性辩论时的讲话中指出："和平、发展、公平、正义、民主、自由，是全人类的共同价值，也是联合国的崇高目标。"② 这六个方面深刻体现着全人类

---

① 《十八大以来重要文献选编》下卷，北京：中央文献出版社，2018，第 564 页。
② 《习近平谈治国理政》第 2 卷，北京：外文出版社，2017，第 522 页。

的价值追求和利益诉求。廉洁文化理念与全人类共同价值具有高度契合性，其核心主张是为了人类发展，核心立场是维护整个人类社会利益。对全球治理来说，在改革不停顿、开放不止步的基础上，厚植廉洁文化理念能够带来一系列民心红利、制度红利、法治红利。一是有助于推进和平与发展的人类共同事业。和平是促进发展的外部条件，发展是保障和平的有力武器。近年来，跨国腐败犯罪形势较为严峻，成为阻滞和平与发展时代潮流的重要因素。把廉洁文化理念融入世界和平与发展事业，能够促进各国反腐败的国际合作，共同维护世界和平与发展，加强合作共赢，共享发展成果。二是有助于实现公平正义的人类共同理想。公平正义是廉洁文化的核心理念，是人类社会追求的理想状态，"公平正义是世界各国人民在国际关系领域追求的崇高目标"。① 廉洁文化中公平正义的理念，还体现了深刻的多边主义和人道主义的国家交往原则。必须坚持正确的义利观，发扬人道主义精神，促进全人类共同发展。三是有助于谋划民主自由的人类共同追求。尽管各国人民的社会存在条件有所差别，也没有完全相同的政治制度，但是对民主自由的追求是全人类始终探索的重要实践。"民主不是装饰品，不是用来做摆设的，而是要用来解决人民需要解决的问题的。"② 要依托廉洁文化建设把民主落到实处，如果背弃民主原则，就会造成国际社会动荡不安。

（二）把廉洁文化建设融入中国式现代化建设，为加强反腐败斗争的国际合作贡献中国经验

腐败问题是一个不分民族、不分地域的全球性问题。党的十八大以来，以习近平同志为核心的党中央把《联合国反腐败公约》倡导的腐败治理"公约项"与本国治理行动结合起来，积极运用国际、国内两种治理资源、两大治理网络、两股治理力量，通过《中华人民共和国

---

① 《习近平外交演讲集》第 1 卷，北京：中央文献出版社，2022，第 155 页。
② 《习近平著作选读》第 2 卷，北京：人民出版社，2023，第 529 页。

国际刑事司法协助法》等法律法规，为处理国际腐败案件提供了有效保障。但是，法律的实施、法治的实践离不开思想的指导。把廉洁文化建设作为建设中国式现代化的重要部分，能够为反腐败斗争的实践提供重要的思想武器。中华文明具有突出的和平性。廉洁文化建设依托廉洁文化对全社会成员的精神涵养功能，旨在构建清廉和谐的社会。因此，把廉洁文化的基本主张融入中国式现代化建设是我国反腐败斗争取得成功的重要因素。这既是基于中华民族伟大复兴历史进程的选择，又为国际反腐败斗争的交流合作贡献了中国经验。一是坚持人民至上的廉洁文化理念，为中国式现代化建设绘好政治底色，为国际合作反腐贡献以民为本的中国经验。维护最广大人民的利益，是廉洁文化建设的出发点和落脚点，也应当将这一根本立场贯穿到国际反腐实践，反腐倡廉的最终归宿是为人民服务。二是坚持胸怀天下的廉洁文化品格，为中国式现代化建设开拓广阔发展空间，为国际合作反腐贡献开放包容的交流平台。中国的廉洁文化建设不仅致力于解决中国社会的腐败问题，也着眼于构建国际社会的清廉之风。这就凸显出中华文明深刻的包容性和中国共产党人坚持胸怀天下的博大情怀。

（三）把廉洁文化主张融入国际社会交流互鉴，为构建人类命运共同体增添新鲜内容

加强国与国之间的经验交流，是发展国家间关系的重要方面，也是落实多边主义的重要着力点。构建人类命运共同体离不开各国之间的经验交流。习近平总书记关于廉洁文化建设的重要论述具有深刻的战略导向和世界意义，为各国提供了具有极强借鉴性的经验。一是敢于"刀刃向内"，注重执政党的自我革命。如何确保执政党的地位稳固，保证执政党永远不变质、不变色、不变味，这是摆在世界各国政党面前的共同难题。习近平总书记带领中国共产党探索出"自我革命"这一跳出"历史周期率"的第二个答案，超越了传统党建模式，为廉洁文化建设提供了话语创新和机制创新路径。二是贯彻群众路线，培育全社会的廉洁共识，巩固廉洁文化主体性。加强反腐败工作，需要依托廉洁文化建设，培育全体社会成员的廉洁共识，巩固廉洁文化主体性。三是既立足本国传统，又坚持开放包容，辩证吸收他国优秀廉洁文化，正确对待传统文化和现代文化，既要积极传承中华优秀传统廉洁文化，又要秉持开放胸襟，辩证吸收他国优秀廉洁文化，要推动廉洁文化建设的互动融通，构建开放包容的人类命运共同体。

学习辩证唯物主义历史唯物主义，
掌握马克思主义哲学看家本领

王伟光[*]

摘 要 中国共产党自成立起就高度重视在思想上建党，其中十分重要的一条就是坚持用马克思主义哲学教育和武装全党。马克思主义哲学是辩证唯物主义和历史唯物主义的有机统一整体，学习辩证唯物主义历史唯物主义是党百余年一以贯之的优良传统和历史经验。掌握辩证唯物主义历史唯物主义这一看家本领不是一蹴而就的事情，需要刻苦读书真学，深入思考真懂，坚定理想真信，联系实际真用，将真学真懂真信真用四者统一起来，持之以恒，方能收到实效。辩证唯物主义历史唯物主义是开放发展的理论，需要随着时代和实践的变化而发展。立足新时代，要坚持守正创新，把辩证唯物主义历史唯物主义同中国具体实际相结合、同中华优秀传统文化相结合，持续推动辩证唯物主义历史唯物主义与时俱进、创新发展，进而不断推进马克思主义哲学中国化时代化大众化。

关键词 辩证唯物主义历史唯物主义；学哲学用哲学；中国化时代化大众化

马克思主义哲学是中国共产党人思想、路线和行动的哲学和理论指南。170 多年前，马克思主义哲学的诞生实现了人类思想史上的一场划

---

* 作者简介：王伟光，中国社会科学院大学教授、南开大学终身教授，主要研究方向为马克思主义哲学。

时代变革。它不仅开创了哲学发展的新纪元，而且引导世界进步力量极其深刻地改变了人类历史发展的进程，改变了整个世界的面貌。习近平总书记指出："我们党自成立起就高度重视在思想上建党，其中十分重要的一条就是坚持用马克思主义哲学教育和武装全党。学哲学、用哲学，是我们党的一个好传统。"① 这一传统不是来自任何哲学家的先见之明，而是对党的百余年奋斗历史经验的总结，是为历史和实践所反复证明的真理性认识。无论是新民主主义革命时期、社会主义革命和建设时期、改革开放和社会主义现代化建设新时期，还是中国特色社会主义新时代，每当历史转折的关键时刻，只要我们党坚持辩证唯物主义历史唯物主义基本原理，坚持实事求是，一切从实际出发，理论联系实际，就能转危为机，不断走向新的胜利。反之，一旦我们丢掉了马克思主义哲学这一看家本领，就会举步维艰，使我们的事业遭受严重挫折。

一 学哲学、用哲学是我们党的一大优良传统

毛泽东指出："马克思主义有几门学问：马克思主义的哲学，马克思主义的经济学，马克思主义的社会主义——阶级斗争学说，但基础的东西是马克思主义哲学。这个东西没有学通，我们就没有共同的语言，没有共同的方法，扯了许多皮，还扯不清楚。有了辩证唯物论的思想，就省得许多事，也少犯许多错误。"② 他强调："哲学的研究不是为着满足好奇心，而是为改造世界。"③ 作为中国共产党一以贯之的优良传统，学哲学、用哲学，学的、用的不是别的什么哲学，而是辩证唯物主义历史唯物主义。

毛泽东把学习、研究、宣传、发展辩证唯物主义历史唯物主义作为

---

① 《习近平关于全面从严治党论述摘编》，北京：中央文献出版社，2021，第189页。
② 《毛泽东文集》第6卷，北京：人民出版社，1999，第396页。
③ 《毛泽东年谱（1893~1949）（修订本）》上卷，北京：中央文献出版社，2013，第687页。

毕生的事业，反复告诫全党要学习掌握辩证唯物主义历史唯物主义。他不仅反复研读马克思、恩格斯、列宁的著作，亲自为领导干部讲授哲学课，而且撰写了一批辩证唯物主义历史唯物主义的经典之作。早在1930年5月，他就写出《反对本本主义》这一论及坚持"一切从实际出发"根本观点的哲学名著，提倡辩证唯物主义历史唯物主义，反对以教条主义、经验主义为主要特征的主观主义，反对形而上学，提倡实事求是、一切从实际出发、按照辩证法办事的马克思主义思想路线。在抗日战争时期，毛泽东发动了全党的马克思主义哲学教育运动，发表了《矛盾论》《实践论》《论持久战》等名著，武装了全党、教育了人民，统一了全党的思想，为中国革命的伟大胜利奠定了辩证唯物主义历史唯物主义世界观方法论的思想基础。在社会主义革命和建设时期，毛泽东发表了《论十大关系》《关于正确处理人民内部矛盾的问题》《人的正确思想是从哪里来的？》《学习马克思主义的认识论和辩证法》等重要著作，为探索中国特色社会主义建设道路提供了世界观和方法论的武器。

无论是在新民主主义革命时期，还是在社会主义革命和建设时期，"毛泽东同志把辩证唯物主义和历史唯物主义运用于无产阶级政党的全部工作"。① 除了专门的哲学著作外，毛泽东所撰写的其他几乎所有重要著作和文章，也都包含着丰富而深刻的辩证唯物主义历史唯物主义原理。其中关于辩证唯物主义历史唯物主义的一系列新观点和新概括，都是对马克思主义哲学宝库的重大贡献，在马克思主义哲学发展史上占有极为重要的地位。毛泽东不仅身体力行带头学习、研究、宣传、发展辩证唯物主义历史唯物主义，而且要求党的高级干部学哲学，主张"让哲学从哲学家的课堂上和书本里解放出来，变为群众手里的尖锐武器"。②

---

① 习近平：《在纪念毛泽东同志诞辰130周年座谈会上的讲话》，北京：人民出版社，2023，第5页。
② 《毛泽东文集》第8卷，北京：人民出版社，1999，第323页。

　　"文化大革命"结束后，百业待兴。邓小平率先认识到，为了拨乱反正，重新回到马克思主义思想路线和政治路线上，必须从学习掌握辩证唯物主义历史唯物主义入手，要走实事求是思想路线，否则就很难从根本上纠正错误路线，无法为正确路线的制定和实施扫清障碍。邓小平支持"关于真理标准问题的讨论"，坚持"实践是检验真理的唯一标准"①，打破了教条式的理论禁锢，推动恢复了实事求是的马克思主义思想路线。这场讨论成为党的十一届三中全会实现伟大历史转折的思想先导，为党重新确立马克思主义的思想路线、政治路线和组织路线奠定了基础，为中国社会主义走向新的发展阶段提供了哲学指南。

　　1981 年 3 月 26 日，邓小平在同《关于建国以来党的若干历史问题的决议》起草小组负责同志的谈话中说："现在我们的干部中很多人不懂哲学，很需要从思想方法、工作方法上提高一步。《实践论》、《矛盾论》、《论持久战》、《战争和战略问题》、《论联合政府》等著作，选编一下。还要选一些马恩列斯的著作。总之，很需要学习马克思主义哲学就是了。"② 邓小平 1985 年指出："中国搞社会主义走了相当曲折的道路。二十年的历史教训告诉我们一条最重要的原则：搞社会主义一定要遵循马克思主义的辩证唯物主义和历史唯物主义，也就是毛泽东同志概括的实事求是，或者说一切从实际出发。"③

　　习近平总书记多次强调学习和掌握辩证唯物主义历史唯物主义世界观和方法论的重要性："我们党自成立起就高度重视在思想上建党，其中十分重要的一条就是坚持用马克思主义哲学教育和武装全党。学哲学、用哲学，是我们党的一个好传统。"④ "必须不断接受马克思主义哲

---

① 《邓小平文选》第 3 卷，北京：人民出版社，1993，第 28 页。
② 《邓小平文选》第 2 卷，北京：人民出版社，1994，第 303～304 页。
③ 《邓小平文选》第 3 卷，北京：人民出版社，1993，第 118 页。
④ 《习近平关于社会主义文化建设论述摘编》，北京：中央文献出版社，2017，第 62～63 页。

学智慧的滋养，更加自觉地坚持和运用辩证唯物主义世界观和方法论。"① "党的各级领导干部特别是高级干部，要原原本本学习和研读经典著作，努力把马克思主义哲学作为自己的看家本领。"② 陈云有一句话概括的既准确又通俗易懂："学习哲学，可以使人开窍。学好哲学，终身受用。"③ 这些都说明了学习掌握辩证唯物主义历史唯物主义的极端重要性。

二　针对新的实际、真学真懂真信真用辩证唯物主义历史唯物主义

掌握马克思主义哲学看家本领不是一件简单的、可以一蹴而就的事情，而是必须真学真懂真信真用，把这四者统一起来，持之以恒、久久为功，方能收到实效。

（一）刻苦读书真学

一个人的哲学素养和哲学运用能力不是天生的，而是后天勤奋刻苦学习获得的。学习有两个途径。一是向书本学习。认真读书，认真研读马克思主义哲学经典著作，研读中国哲学史、外国哲学史，研读历史、文学等自然科学和社会科学著述。有条件的要多读书，条件差些的也要少而精地读书，不读书是掌握不了辩证唯物主义历史唯物主义的。二是向社会学习。社会是所"大学堂"，是"无字之大书"，人民群众是老师。向社会学习，就是要读"无字之大书"，向人民学习、向实践学习，勤于实践，善于从实践中获取真知。

马克思恩格斯并没有专门撰写关于辩证唯物主义历史唯物主义的教

---

① 《习近平关于全面建成小康社会论述摘编》，北京：中央文献出版社，2016，第194页。
② 《习近平关于社会主义文化建设论述摘编》，北京：中央文献出版社，2017，第63页。
③ 《陈云文选》第3卷，北京：人民出版社，1995，第362页。

科书，他们所阐发的辩证唯物主义历史唯物主义原理都蕴含在其经典著作中。掌握马克思主义哲学看家本领，离不开对经典著作的学习。需要注意的是，学习经典著作，不仅要学习经典作家正面阐述辩证唯物主义历史唯物主义基本原理的重要论述，而且要学习他们对错误观点的驳斥，注意掌握经典作家通过驳斥错误观点来阐发基本原理的核心观点、事实依据和内在逻辑。

学习马克思主义经典著作，重要的是学习经典作家运用辩证唯物主义历史唯物主义基本原理来解决重大理论和现实问题的做法及其经验总结，这可以视为辩证唯物主义历史唯物主义的实践结晶。辩证唯物主义历史唯物主义的实践结晶往往也以论述的形式来展现，但这种论述往往以经验总结的方式来呈现，表面看来过于"具体"，不够"哲学"，不属于哲学著作之列，实际上蕴含着极其丰富的哲学智慧，也是辩证唯物主义历史唯物主义的重要内容。我们不仅要学习《1844年经济学哲学手稿》《关于费尔巴哈的提纲》《德意志意识形态》《路德维希·费尔巴哈与德国古典哲学的终结》，还要学习《路易·波拿巴的雾月十八日》《法兰西内战》《哥达纲领批判》《资本论》等经典论著。同样，学习毛泽东哲学思想，不仅要学习《实践论》《矛盾论》，而且要学习毛泽东的其他重要著作和文章。任何试图脱离这些重要论述，而单纯学习所谓"纯而又纯"的哲学著作的做法，都难以真正把握辩证唯物主义历史唯物主义的真谛。不仅在学习毛泽东的哲学思想时要这么做，在学习邓小平的哲学思想、习近平新时代中国特色社会主义思想中的哲学思想时也要这么做。

问题在于，为什么要这样做？这就涉及辩证唯物主义历史唯物主义的基本性质和理论品格。我们知道，辩证唯物主义历史唯物主义的一个重要理论来源是德国古典哲学，但辩证唯物主义历史唯物主义实现了对德国古典哲学的根本超越。德国古典哲学自始至终都没有离开过思辨的领地，都没有摆脱概念范畴之"阴影王国"的统治。马克思曾经这样批评："哲学，尤其是德国的哲学，喜欢幽静孤寂、闭关自守并醉心于淡漠的自我直观……它那玄妙的自我深化在门外汉看来正像脱离现实的活动一样稀奇古怪；它被当做一个魔术师，若有其事地念着咒语，因为谁也不懂得他在念些什么。"①

辩证唯物主义历史唯物主义充分吸收了德国古典哲学的优秀成果，特别是它的辩证法的合理内核，但并未沿着它的足迹前进，而是及时转向，走向新的唯物主义的道路，走出概念范畴的"阴影王国"，走向客观的现实世界。这就是马克思所强调的"从思想世界降到现实世界"②，"走出阿门塞斯的阴影王国，转而面向那存在于理论精神之外的世俗的现实"。③ 这是一条直面现实的唯物主义之路，行走在这条道路上的辩证唯物主义历史唯物主义，不再是书斋里的学问，而是改造世界的强大思想武器，所以，马克思说："理论一经掌握群众，也会变成物质力量。"④ 毛泽东说："让哲学从哲学家的课堂上和书本里解放出来，变为群众手里的尖锐武器。"⑤ 这些都揭示出辩证唯物主义历史唯物主义鲜明的实践品格。

（二）深入思考真懂

"学而不思则罔。"读书而不思考，接触实际而不研究，就等于吃东西而不认真咀嚼，囫囵吞枣，不消化吸收，不会从书本上和实践中获得丰富营养，即使读了书、接触了实际，也不会收到应有的效果。要做到真学真懂，先要真正弄明白书中讲的道理，逐字逐句读、反复细致读，要弄清楚书中所蕴含的深刻道理；又要围绕书中所涉及的事例、典

---

① 《马克思恩格斯全集》第1卷，北京：人民出版社，1956，第120页。
② 《马克思恩格斯全集》第3卷，北京：人民出版社，1960，第525页。
③ 《马克思恩格斯全集》第40卷，北京：人民出版社，1982，第258页。
④ 《马克思恩格斯选集》第1卷，北京：人民出版社，2012，第9页。
⑤ 《毛泽东年谱（一九四九——一九七六）》第5卷，北京：中央文献出版社，2013，第225页。

故、史实，多方面阅读相关的书籍，融会贯通多方面知识；还要结合思想实际和工作实际反复研究思考，多问几个"为什么"。

陈云曾三次向毛泽东请教学习哲学的问题。他说："我们怎样才能少犯错误，或者不犯大的错误呢？在延安的时候，我曾以为自己过去犯错误是由于经验少。毛主席对我说，你不是经验少，是思想方法不对头。他要我学点哲学。过了一段时间，毛主席还是对我说犯错误是思想方法问题，他以张国焘的经验并不少为例加以说明。第三次毛主席同我谈这个问题，他仍然说犯错误是思想方法问题。后来，我把毛主席从井冈山到延安写的著作都找来看，研究他处理问题的方法。同时再次考虑，错误到底是从哪里来的？我得出一条结论，是由于主观对客观事物认识上有偏差。凡是错误的结果都是由行动的错误造成的，而行动的错误是从认识的错误来的。认识支配行动，行动是认识的结果。"① 陈云还说道："在延安的时候，我曾经仔细研究过毛主席起草的文件、电报。当我全部读了毛主席起草的文件、电报之后，感到里面贯穿着一个基本指导思想，就是实事求是。"② 这就是毛泽东哲学的精髓。

（三）坚定理想真信

中国共产党人坚定的理想信念是基于对真理的信仰而建立起来的。马克思主义也是一种信仰，是以真理为支撑的信仰。辩证唯物主义历史唯物主义是支撑中国共产党人理想信念的哲学依据和真理基础。学习辩证唯物主义历史唯物主义而不相信它的真理性，是无法坚定理想信念的。学习辩证唯物主义历史唯物主义，必须把它作为对真理的信仰、对真理的追求，要更加坚定对它所揭示的人类社会发展客观规律和必然趋势的信心和信念。不能把学习辩证唯物主义历史唯物主义仅仅当作对知识的追求，也不能把辩证唯物主义历史唯物主义当作追求功名利禄的

---

① 《陈云文选》第 1 卷，北京：人民出版社，1995，第 342 页。
② 《陈云文选》第 3 卷，北京：人民出版社，1995，第 371 页。

"梯子"、解决温饱的"饭碗"、养家糊口的"工具"，更不能把辩证唯物主义历史唯物主义当作实用的"手电筒"，只照别人、不照自己。

（四）联系实际真用

学习辩证唯物主义历史唯物主义的目的全在于运用，必须做到"学以致用""有的放矢"。"学以致用""有的放矢"就要解决好理论联系实际的学风问题，把辩证唯物主义历史唯物主义运用到改造客观世界和改造主观世界的实际中去。马克思主义哲学看家本领是对辩证唯物主义历史唯物主义世界观方法论功能的中国化表达，同时蕴含了对马克思主义哲学实践品格的深刻把握。在中国文化语境中，本领意味着一种实践能力，体现在思维能力、判断能力、执行能力上，简言之，就是分析和解决问题的能力。单纯的纸上谈兵不是能力，光说不练也不能锻炼提高能力，必须在实际运用中掌握马克思主义哲学看家本领。

辩证唯物主义历史唯物主义既是认识问题的世界观，又是解决问题的方法论。将辩证唯物主义历史唯物主义世界观运用到对世界的思考认识上，是思想方法；运用到解决问题上，是工作方法。马克思主义的思想方法和工作方法是马克思主义世界观和方法论在实际工作中的具体运用。只有运用辩证唯物主义历史唯物主义分析和解决实际问题，才能真正掌握这一看家本领。

毛泽东指出："我们说马克思主义是对的，决不是因为马克思这个人是什么'先哲'，而是因为他的理论，在我们的实践中，在我们的斗争中，证明了是对的。我们的斗争需要马克思主义。我们欢迎这个理论，丝毫不存什么'先哲'一类的形式的甚至神秘的念头在里面。"①这一方面表明，辩证唯物主义历史唯物主义的真理性不是来自任何权威"先哲"，也不是来自理论上的逻辑自洽，而是来自实践中的证明；另

---

① 《毛泽东选集》第1卷，北京：人民出版社，1991，第111页。

一方面也告诉我们，要掌握辩证唯物主义历史唯物主义这一科学真理和方法，也必须通过实践中的运用。

对于掌握马克思主义哲学看家本领来说，仅仅在理论上"学"了，并不等于在实际上掌握了。历史上的教条主义者对马克思主义经典著作十分熟悉，也可以说他们"学"了理论知识，但是不能在实践中加以运用。他们在遇到实际问题时，首先考虑的不是实际情况如何，而是马恩列斯在什么地方说过什么，或者在俄国革命史上有过什么类似情况。用过什么策略，并把它们照搬照抄到中国来，其结果不仅解决不了问题，而且会带来更大的问题，使我们的事业遭受重大损失。历史经验证明，在理论上"学"是一回事，在实践上加以运用是另一回事。停留在前者，还不能算是掌握了看家本领，必须在前者基础上，再进一步，在实践中加以运用，根据具体情况分析和解决实际问题。唯有如此，才算是真正掌握马克思主义哲学看家本领。

我们党强调学哲学用哲学，其目的是分析和解决重大现实问题。毛泽东说过："读书是学习，使用也是学习，而且是更重要的学习。"[①] 他在《整顿党的作风》中强调，要学会应用马克思列宁主义的立场观点方法，分析和解决具体问题，"不应当把马克思主义的理论当成死的教条。对于马克思主义的理论，要能够精通它、应用它，精通的目的全在于应用。如果你能应用马克思列宁主义的观点，说明一个两个实际问题，那就要受到称赞，就算有了几分成绩。被你说明的东西越多，越普遍，越深刻，你的成绩就越大"。[②]

党的十八大以来，习近平总书记十分重视学习马克思主义哲学，强调学习的目的是解决面临的现实问题。他说："马克思主义哲学尽管诞生在一个半世纪之前，但由于它深刻揭示了客观世界特别是人类社会发展一般规律，被历史和实践证明是科学的理论，在当今时代依然有着强

---

① 《毛泽东选集》第 1 卷，北京：人民出版社，1991，第 181 页。
② 《毛泽东选集》第 3 卷，北京：人民出版社，1991，第 815 页。

大生命力，依然是指导我们共产党人前进的强大思想武器。……现在，我们依然要推动全党学习马克思主义哲学，依然要推动全党掌握历史唯物主义基本原理和方法论。学习的目的，就是更好认识国情，更好认识党和国家事业发展大势，更好认识历史发展规律，更加能动地推进各项工作。"① 在十八届中央政治局第一次集体学习时，他强调："我们一定要以我国改革开放和现代化建设的实际问题、以我们正在做的事情为中心，着眼于马克思主义理论的运用，着眼于对实际问题的理论思考，着眼于新的实践和新的发展。"② 在二十届中央政治局第四次集体学习时，习近平更加明确地强调："学习新时代中国特色社会主义思想的目的全在于运用，在于把这一思想变成改造主观世界和客观世界的强大思想武器。"③ 无论是前面的"一个中心，三个着眼于"，还是后面的"全在于运用"，都体现了我们党理论联系实际的优良作风，蕴含了学与用的统一。只有"以我们正在做的事情为中心"，把真学、真懂、真信、真用统一起来，才能真正掌握马克思主义哲学看家本领。

三 不断推进马克思主义哲学中国化时代化大众化

哲学在一个国家实现的程度，总是取决于哲学满足这个国家需要的程度。辩证唯物主义历史唯物主义作为科学的世界观和方法论，在指导中国实践的过程中，必将随着中国的发展，不断实现其中国化时代化大众化。马克思主义哲学中国化时代化大众化的过程就是把辩证唯物主义历史唯物主义与中国实际相结合、与中华优秀传统文化相结合的过程，也就是辩证唯物主义历史唯物主义与时俱进、不断发展创新的过程。

① 习近平：《坚持历史唯物主义不断开辟当代中国马克思主义发展新境界》，中国政府网，https://www.gov.cn/xinwen/2020-01/15/content_5469442.htm。
② 《十八大以来重要文献选编》上卷，北京：中央文献出版社，2014，第75页。
③ 《把"全在于运用"的学习目的落到实处》，中央纪委国家监委网站，https://www.ccdi.gov.cn/llxx/202308/t20230824_288138.html。

中国共产党在百余年历史中已经实现了辩证唯物主义历史唯物主义与中国实际、与中华优秀传统文化两个伟大结合，已经形成了马克思主义哲学中国化时代化大众化的三次伟大飞跃，已经产生了马克思主义哲学中国化时代化大众化的三项理论创新成果。

已经发生的第一次伟大结合是辩证唯物主义历史唯物主义与新民主主义革命的中国实际相结合。在新民主主义革命时期，毛泽东运用辩证唯物主义历史唯物主义的基本立场、观点、方法，分析中国半殖民地半封建社会的实际，提出新民主主义革命理论、路线和革命道路。毛泽东在总结"左"倾教条主义、右倾机会主义等脱离实际的错误思想的基础上，深入思考并深化了辩证唯物主义历史唯物主义唯物论、认识论、辩证法和历史观，系统地提出了实践论、矛盾论等一系列独具中国特色的辩证唯物主义历史唯物主义，为中国革命、建设乃至改革奠定了坚实的哲学基础，赋予中国人民以最锐利的思想武器。从而产生了马克思主义哲学中国化时代化大众化的第一次飞跃，形成了马克思主义哲学中国化时代化大众化的第一个理论创新成果：毛泽东哲学思想。

在社会主义革命和建设时期，毛泽东把辩证唯物主义历史唯物主义运用到中国社会主义革命实际，提出了社会主义过渡时期的总路线，成功地完成了社会主义所有制改造，在中华大地上建立起社会主义制度。毛泽东领导全党投身中国社会主义建设实践，对中国社会主义建设规律进行了艰辛探索，提出了"以苏为鉴""自力更生""价值规律是一个伟大学校""社会主义基本矛盾、主要矛盾""人民内部矛盾""社会主义根本任务"等哲学观点，发表了一系列哲学著作，从而开启了辩证唯物主义历史唯物主义与社会主义革命和建设的中国实际进行第二次伟大结合的新征程，毛泽东哲学思想有了新的丰富和发展，进一步推进了马克思主义哲学中国化时代化大众化。毛泽东是推进马克思主义哲学中国化时代化大众化的光辉典范。

在改革开放和社会主义现代化建设新时期，在毛泽东开创的第二次结合的理论与实践基础上，邓小平推进了辩证唯物主义历史唯物主义与改革开放和社会主义现代化建设的中国实际的结合。根据时代发展的需要，以邓小平同志为核心的党的第二代中央领导集体秉承"实事求是"思想路线，以"关于真理标准问题的讨论"荡涤僵化落后观念，冲破思想禁区，让"实践是检验真理的唯一标准"成为家喻户晓的哲学名言，让解放思想、实事求是思想路线贯穿整个改革开放和社会主义现代化建设新时期，提出了"解放思想、实事求是""三个有利于""贫穷不是社会主义""坚持以经济建设为中心""坚持四项基本原则""解放和发展生产力，消灭剥削、消除两极分化，最终达到共同富裕""计划经济不等于社会主义，市场经济不等于资本主义""科学技术是第一生产力""改革是第二次革命""发展才是硬道理"等具有中国化时代化大众化的辩证唯物主义历史唯物主义哲学意蕴的科学道理，为改革开放和社会主义现代化建设提供了哲学依据和思想指南，创立了马克思主义哲学中国化时代化大众化的理论创新成果：邓小平哲学思想。

以江泽民同志为核心的党的第三代中央领导集体、以胡锦涛同志为总书记的党中央提出的"三个代表"重要思想和科学发展观，同邓小平理论一起构成了中国特色社会主义理论体系，其内含的哲学思想同邓小平哲学思想一起构成中国特色社会主义理论体系的哲学思想，从而实现了马克思主义哲学中国化时代化大众化的新飞跃，形成了马克思主义哲学中国化时代化大众化的新的理论创新成果。

中国特色社会主义进入新时代，以习近平同志为核心的党中央继续将辩证唯物主义历史唯物主义同中国实际相结合、同中华优秀传统文化相结合，提出了"必须坚持人民主体地位""必须坚持以人民为中心""自我革命""伟大斗争"等一系列重大哲学论断，领导了中国特色社会主义建设和党的自身建设，开展了反腐败斗争，为党永葆生机和中国特色社会主义现代化强国建设提供了世界观方法论指导；新时代新阶段，习近平总书记指出要"提高战略思维、历史思维、辩证思维、创新思维、法治思维、底线思维能力"①，为党的各级领导干部把握问题、开展工作提供了辩证唯物主义历史唯物主义遵循；在面临世界百年未有之大变局，改革进入攻坚期，系统性风险依然存在的情况下，强调了要"坚持系统观念""统筹中华民族伟大复兴战略全局和世界百年未有之大变局""统筹发展与安全""扎实推进共同富裕""坚定不移贯彻新发展理念"等具有创新性的哲学观点，从而形成了习近平新时代中国特色社会主义思想的哲学思想，进一步推动了马克思主义哲学中国化时代化大众化，创造了马克思主义哲学中国化时代化大众化的最新理论成果，实现了辩证唯物主义历史唯物主义与中国特色社会主义新时代的中国实际的新的结合、新的飞跃，为全面建成社会主义现代化强国提供了根本性的思想方法和工作方法指南。

辩证唯物主义历史唯物主义中国化时代化大众化是马克思主义哲学的中国化时代化大众化三者的有机结合，马克思主义哲学的中国化时代化大众化，说到底，就是马克思主义哲学中国化。马克思主义哲学的中国化过程，可以说也是马克思主义哲学时代化、大众化的过程，三者不可分割。中国化凸显中国特色、时代化强调时代发展、大众化重在源自人民且人民受用。

辩证唯物主义历史唯物主义在中国的发展过程是马克思主义哲学中国化的过程。正如习近平总书记强调的："解决中国的问题只能在中国大地上探寻适合自己的道路和办法。"② 中国共产党在领导全国各族人民进行革命、建设、改革和发展的实践进程中，产生了中国化的马克思主义哲学，又不断引领中国特色伟大斗争实践。辩证唯物主义历史唯物主义在中国的运用和发展，必须同中国国情、中华优秀传统文化、中国人民的实践相结合，形成民族的、本土的、易于让中国人民理解和接受

---

① 《习近平著作选读》第2卷，北京：人民出版社，2023，第248页。
② 《习近平关于协调推进"四个全面"战略布局论述摘编》，北京：中央文献出版社，2015，第84页。

· 69 ·

的辩证唯物主义历史唯物主义，即中国化的马克思主义哲学。在中国特色社会主义伟大实践进程中，必须坚持将辩证唯物主义历史唯物主义与中国实际相结合、与中华优秀传统文化相结合，形成独具中国特色、中国风格、中国气派的辩证唯物主义历史唯物主义，让辩证唯物主义历史唯物主义在中国扎根，讲中国话语，结中国果实，展中国成就。只有将辩证唯物主义历史唯物主义与中国实际、中华优秀传统文化结合起来，辩证唯物主义历史唯物主义才能科学地指导中国实践，才能在中国开花结果，才能更加显现出强大的真理性力量。

辩证唯物主义历史唯物主义在中国的发展过程是马克思主义哲学时代化的过程。正如马克思所言："任何真正的哲学都是自己时代的精神上的精华。"[1] 每一个时代都有自身面临的问题，每一个时代都有自身需要完成的任务。因此，"每一个时代的理论思维，包括我们这个时代的理论思维，都是一种历史的产物，它在不同的时代具有完全不同的形式，同时具有完全不同的内容"。[2] 我们今天依然处在资本主义生产方式在世界上处于统治地位的时代，在该时代充满了社会主义与资本主义两大阶级力量、两种社会制度、两个不同的前途命运的斗争，依然需要用辩证唯物主义历史唯物主义的基本立场、观点、方法观察、分析、解决我们这个时代的问题。在马克思所判定的大的历史时代背景下，中国特色社会主义进入了新时代，世界正经历百年未有之大变局；我国社会主义初级阶段已经进入一个新的发展阶段，改革进入深水区，新的矛盾有待解决。面对错综复杂的国际国内环境，我们需要保持"风雨不动安如山"的战略定力，用辩证唯物主义历史唯物主义的基本立场、观点、方法分析当前问题，在坚持马克思主义哲学中国化时代化大众化的过程中，不断将马克思主义哲学时代化，形成具有时代特色的辩证唯物主义历史唯物主义，为解决时代问题提供根本指导。

---

① 《马克思恩格斯全集》第1卷，北京：人民出版社，1995，第220页。
② 《马克思恩格斯文集》第9卷，北京：人民出版社，2009，第436页。

　　辩证唯物主义历史唯物主义在中国的发展过程是马克思主义哲学大众化的过程。辩证唯物主义历史唯物主义是人民创造的哲学，人民的实践是辩证唯物主义历史唯物主义取之不尽用之不竭的智慧源泉；是为了人民的哲学，辩证唯物主义历史唯物主义认识、解决一切问题的出发点和落脚点就是人民，一切为了人民是辩证唯物主义历史唯物主义的不朽课题；是依靠人民的哲学，辩证唯物主义历史唯物主义只有依靠群众，发动群众，靠人民群众的实践，才能认识世界、改变世界；是人民受用的哲学，辩证唯物主义历史唯物主义讲的是人民故事，用的是人民语言，贴近人民，为人民所理解、所明白、所接受，是以人民为中心、以人民为主体、为人民服务的哲学。所有这一切都决定了实现马克思主义哲学中国化离不开大众化，大众化是由辩证唯物主义历史唯物主义的本质所决定的，辩证唯物主义历史唯物主义天然具有大众化的特点。中国共产党人只有尊重实践，尊重群众首创精神，与群众的创新实践相结合，实现大众化，才能不断地推动马克思主义哲学的中国化。

　　毛泽东指出："人民，只有人民，才是创造世界历史的动力。"① 群众史观是马克思主义哲学的基点。中国共产党在运用辩证唯物主义历史唯物主义指导中国实践的过程中，必须将马克思主义哲学大众化。"理论一经掌握群众，也会变成物质力量。"② 辩证唯物主义历史唯物主义不是纯粹书斋里的学问，也不是少数人坐而论道的清谈，而是为人民谋福利、使百姓能接受、让大众能掌握的学问。辩证唯物主义历史唯物主义的生命力在于走出书斋，走进群众之心、之脑，用群众通俗易懂的方式、浅显易懂的话语、日常使用的表达来讲辩证唯物主义历史唯物主义的人民之理。只有让人民更加懂得辩证唯物主义历史唯物主义，精神才能转变成巨大的物质力量，才能发挥辩证唯物主义历史唯物主义强大的真理力量。马克思主义哲学大众化，就是让辩证唯物主义历史唯物主义

----

① 《毛泽东选集》第 3 卷，北京：人民出版社，1991，第 1031 页。
② 《马克思恩格斯选集》第 1 卷，北京：人民出版社，2012，第 9 页。

走进人民群众之心、之脑，让辩证唯物主义历史唯物主义能够在普通大众中传播开来，让千千万万人民群众掌握、运用辩证唯物主义历史唯物主义，变成人民群众自觉的行动。

辩证唯物主义历史唯物主义基本原理及其所遵循的科学世界观方法论，具有普遍和恒久的意义。同时，辩证唯物主义历史唯物主义是发展的理论，必将随着时代和实践的变化而发展。毛泽东在《实践论》中指出："马克思列宁主义并没有结束真理，而是在实践中不断地开辟认识真理的道路。"① 对于中国的马克思主义者来说，如何在新的条件下守正创新，在坚持的基础上发展辩证唯物主义历史唯物主义，是一个不容回避的重大问题。要针对新的实际，推进辩证唯物主义历史唯物主义与中国实际相结合、与中华优秀传统文化相结合，与时俱进凝练和体现新的时代精神的精华，把新的实践经验、理论认识和科学成果，提升到哲学高度，升华为哲学观念，让辩证唯物主义历史唯物主义"说新话"，不断推进马克思主义哲学中国化时代化大众化。

---

① 《毛泽东选集》第1卷，北京：人民出版社，1991，第296页。

以马列主义金融危机理论分析硅谷银行破产的表因与里因

——兼论我国金融高质量健康发展

程恩富 罗玉辉[*]

摘 要 2023年美国硅谷银行破产成为全球金融业的热点问题，人们担忧其成为美国金融危机乃至引发世界金融危机的导火索。西方经济学多从资产负债管理、流动性风险、商业银行管理及美国金融监管体制等角度分析原因。事实上，这些因素都是西方金融危机爆发的"表因"，没有涉及资本主义金融危机的深层次"里因"。由此，本文从马列主义金融危机理论出发，探究资本主义社会金融资本产权属性的缺陷，即西方金融资本的私人所有制是资本主义社会爆发金融危机的根本原因。新时代，为了更好地推动中国特色社会主义金融事业的健康发展，必须坚守中国特色社会主义金融资本的公有属性，不断深化对金融资本全过程全方位监管的体制机制改革，有效引导和规范金融资本精准滴灌实体经济。

关键词 马列主义金融理论；金融危机；金融资本；硅谷银行破产；中国金融发展

---

* 作者简介：程恩富，中国社会科学院学部委员、世界政治经济学学会会长，主要研究方向为马克思主义政治经济学；罗玉辉，安徽大学马克思主义学院副教授、中国社会科学院马克思主义研究院访问学者，主要研究方向为马克思主义政治经济学。

一 马列主义金融危机理论

马克思按照"货币资本—生息资本—信用制度—虚拟资本"的逻辑理路层层深入，科学阐释了金融危机的理论。列宁在马克思和希法亭的基础上深化了对金融资本的研究，弥补了希法亭金融资本理论的不足，从根本上揭示了资本主义金融危机爆发的原因。马列主义金融危机理论深刻把握了资本主义发展阶段的新变化，揭示了金融危机形成的内在机理，是解剖以金融为主体的虚拟经济的"手术刀"。

（一）马克思恩格斯关于金融危机的理论要点

马克思恩格斯认为，资本主义经济危机爆发源于三个矛盾：一是生产无限扩大的趋势与无产阶级有货币支付能力的消费相对有限之间的矛盾；二是个别企业有组织性生产经营与整个社会经济无政府状态之间的矛盾；三是生产的不断社会化与生产资料的资本主义私有制之间的矛盾。马克思在剖析经济危机产生根源的同时，也探究了金融危机爆发的问题。马克思立足唯物史观，通过对资本的政治经济学分析，全面阐述了发生金融危机的可能性，具体表现在两个方面。其一，货币在执行流通手段时产生买和卖的分离。马克思指出："流通所以能够打破产品交换的时间、空间和个人的限制，正是因为它把这里存在的换出自己的劳动产品和换进别人的劳动产品这二者之间的直接的同一性，分裂成卖和买这二者之间的对立。"① 这样一来，"这样的出售与实际的需求状况毫无关系。它只与对支付的需求有关，只与商品必须以任何价格转化为货币的绝对必要性有关。这时就会爆发普遍的破产，危机"。② 其二，货币执行支付手段时产生的赊购与支付的分离。"如果货币执行支付手段

① 《马克思恩格斯选集》第2卷，北京：人民出版社，2012，第140页。
② 《马克思恩格斯全集》第38卷，北京：人民出版社，2019，第206页。

的职能，货币在两个不同的时刻分别起价值尺度和价值实现的作用。这两个时刻互相分离。"① 马克思从信用制度、虚拟资本出发，阐述了金融危机爆发的现实可能性。

首先，马克思指出："卖者会把自己的买者带到市场上来。作为两极对立的两个人即商品占有者和货币占有者的相互关系来看，卖和买是同一个行为。但作为同一个人的活动来看，卖和买是两极对立的两个行为。"② 货币在流通过程中产生了买卖分离，在执行支付手段时发生了赊购与支付的分离。这样一来，信用制度随之流行。马克思在研究借贷资本的运动过程中进一步指出："信用制度的发展和由此引起的信用制度的集中，越是赋予借贷资本以一般的社会的性质，并使它一下子同时投到货币市场上来，情形就越是这样。"③ 从上述论述中可得出，信用制度是建立在借贷关系之上的。为了加速资本流动，实现企业利润最大化，人们在信用制度的基础上创造了多种金融工具，企业利用商业信用获得大量借款，将储存的货币全部用于扩大再生产，使得资本主义经济的资本积累不断扩大，让资本主义社会的表面繁荣成为现实，同时也为信用危机埋下伏笔。信用杠杆中利率、汇率等因素超过预期波动时，便会在资本市场上引发一系列连锁反应，最终导致金融危机。

其次，以"银行家资本的最大部分纯粹是虚拟的"④ 为起点，马克思对虚拟资本和虚拟经济进行了阐述，认为："以银行资本为媒介的信用制度的发展促进了股份资本和虚拟资本的形成和发展，信用制度的两重作用在这里更充分地表现出来。"⑤ 可见，虚拟资本是依赖信用制度进行资本积累和发展壮大的。虚拟资本的出现在一定程度上增加了社会财富，但也导致了资本的使用权与所有权分离，资本持有者可以凭借市

---

① 《马克思恩格斯文集》第 8 卷，北京：人民出版社，2009，第 252 页。
② 《马克思恩格斯全集》第 43 卷，北京：人民出版社，2016，第 108 页。
③ 《马克思恩格斯选集》第 2 卷，北京：人民出版社，2012，第 558 页。
④ 《马克思恩格斯选集》第 2 卷，北京：人民出版社，2012，第 579 页。
⑤ 王珏导读《重读〈资本论〉第三卷》，北京：人民出版社，1998，第 1862 页。

场主体的心理预期操纵市场价格，引起投机热，从而越来越背离实体经济的轨道。而这种情况突破一定的容忍界限便会引发金融危机。

最后，正如马克思指出："现在的问题是要追踪考察潜在的危机的进一步发展（现实危机只能从资本主义生产的现实运动、竞争和信用中来说明）。"① 立足于唯物史观，通过对私人资本逻辑的政治经济学解剖，马克思敏锐地发现了虚拟资本、信用制度的生产和运行过程中必然发生生产危机和金融危机。随着以金融行业为核心驱动力的虚拟经济日益崛起，成为资本主义经济发展的重点，信用危机的悄然滋生与虚拟资本的无限膨胀便不可避免地成为触发金融危机的现实导火索。然而，金融危机作为经济危机众多面貌中的一隅，其实质仍然是生产资料私人所有制，尤其是金融垄断资本的私人属性引发的危机。马克思关于信用制度与虚拟资本的相关论述为探讨金融危机的原因提供了理论基础。

（二）列宁关于金融危机的理论要点

列宁在《帝国主义是资本主义的最高阶段》一书中曾深刻地指出："资本主义的一般特性，就是资本的占有同资本在生产中的运用相分离，货币资本同工业资本或者说生产资本相分离，全靠货币资本的收入为生的食利者同企业家及一切直接参与运用资本的人相分离。帝国主义，或者说金融资本的统治，是资本主义的最高阶段。"② 列宁将金融化的资本主义看作资本主义最高阶段的主要特征，并以此对金融资本和帝国主义阶段的金融危机进行了深入剖析与批判。

其一，金融资本的垄断为金融危机的爆发提供了国内条件。19世纪后半叶到 20 世纪初，生产力的极大进步客观上推动了资本主义产业结构的巨大变化，这种变化表现为虚拟资本对实体行业的实质性统治。在这一阶段，银行职能发生了极大转变，已成为"支配着所有资本家

---

① 《马克思恩格斯选集》第 2 卷，北京：人民出版社，2012，第 800 页。
② 《列宁全集》第 27 卷，北京：人民出版社，2017，第 374 页。

和小业主的几乎全部的货币资本"。① 列宁观察到了这一现象，并对金融资本的产生作出了历史性的阐释："生产的集中；从集中生长起来的垄断；银行和工业日益融合或者说长合在一起，——这就是金融资本产生的历史和这一概念的内容。"② 作为工业资本与银行资本融合而形成的金融资本，其逐利性也空前蔓延，开始对经济、政治、社会、文化等各个方面进行广泛渗透，拥有庞大的资本力量和全面的垄断实力。在金融资本的垄断统治下，一个国家的自上至下的产业链全被金融寡头牢牢掌控，中小企业被打压，毫无生存空间，行业内部贫富差距急剧拉大。与此同时，劳动者被盘剥，出现了社会内部的贫富差距。

其二，金融资本在全球的扩张为金融危机的爆发提供了国际条件。金融资本的野心绝不限于本国的经济政治控制，"资本主义已成为极少数'先进'国对世界上绝大多数居民实行殖民压迫和金融扼杀的世界体系"。③ 其本性就是要实行全球殖民压迫和金融扼杀。在全球扩张中，金融资本形成了一整套资本输出方略，"贸易保护""关税壁垒""殖民地掠夺""垄断价格"等一系列带有扩张性色彩的概念应运而生。金融资本不仅将生产资本、商业资本大肆输出，更是先后在殖民地、半殖民地大肆开办银行等机构，并进行规模化投资，进行借贷资本的输出。对此，列宁指出："帝国主义的趋势之一，即形成为'食利国'、高利贷国的趋势愈来愈显著，这种国家的资产阶级愈来愈依靠输出资本和'剪息票'为生。"④ 它使一部分人的物质生活达到了前所未有的富裕程度，同时也使殖民地的人民陷入极度贫穷、困苦的生活中，造成全球的贫富分化现象，加剧了全球经济的脆弱性。他还说道："金融资本是一种存在于一切经济关系和一切国际关系中的巨大力量，可以说是起决定

---

① 《列宁全集》第 27 卷，北京：人民出版社，2017，第 346 页。
② 《列宁全集》第 27 卷，北京：人民出版社，2017，第 362 页。
③ 《列宁全集》第 27 卷，北京：人民出版社，2017，第 327 页。
④ 《列宁全集》第 27 卷，北京：人民出版社，2017，第 436 页。

作用的力量，它甚至能够支配而且实际上已经支配着一些政治上完全独立的国家。"① 在列宁看来，包括金融危机在内的帝国主义的一系列危机，都与金融资本的巨大力量密切相关。

简言之，列宁关于金融危机的理论要点有两个：从国内分析，金融资本的形成为金融危机的爆发埋下隐患，并加剧贫富两极分化；从国际分析，金融资本向全世界扩张，加速了金融危机的爆发。列宁关于金融资本和金融危机的基本理论，为我们深刻认识当今资本主义金融危机、金融垄断资本的本质及其恶果提供了科学思路。

二　美国硅谷银行破产的表因与里因

2023 年 3 月 8 日，以服务于科技初创企业及风险投资机构而闻名的硅谷银行发生挤兑事件；3 月 10 日由于流动性危机资不抵债，美国加州金融保护和创新部（DFPI）宣布硅谷银行破产，随后美国政府紧急出台救助措施，并指派美国联邦存款保险公司（FDIC）为其破产管理人。硅谷银行破产事件看似得到了解决，但一系列金融风险已悄无声息地蔓延至全球，短期内以硅谷银行为代表的多家商业银行相继"爆雷"，为我国金融机构风险管理和金融监管敲响了警钟。关于硅谷银行破产，国内外学者发表了大量文献，从目前的研究结果来看，多为西方经济学的视角，包括宏观经济急剧变化、资产负债表中的流动性错配、利率风险系统管理的缺失、负面信息披露不及时不恰当、美国金融监督管理的延迟等。但是，在这些表层的原因之外，还有一些深层次问题应得到关注。基于此，我们从硅谷银行破产这一具有代表性的金融风险事件出发，运用政治经济学的研究方法，解读两种社会形态中金融资本的产权属性，认识资本主义金融危机爆发的表因（现象）与里因（本质）。

---

① 《列宁全集》第 27 卷，北京：人民出版社，2017，第 394~395 页。

（一）基于硅谷银行破产：资本主义金融危机爆发的表因

1. 美国宏观经济运行层面

西方主流经济学家多从宏观经济层面探究美国硅谷银行破产的原因，并形成以下几种观点。其一，美联储从降息到加息的货币政策大转换。过去十多年，美国为了激活经济、刺激消费，实行量化宽松的货币政策。美联储将利率降至接近 0.25% 的水平，此时科创企业获得巨额融资，大量富余资产以短期存款的形式被存入硅谷银行，而该行用其购买中长期美国国债。在美联储加息的环境下，债券价值下跌，尤其是长期债券。短时间内，美国货币政策犹如"过山车"般剧变，使金融机构以及科创企业反应未及，导致硅谷银行破产悲剧发生，进而一系列金融风险暴露出来。其二，美国经济环境恶化导致融资条件面临收紧压力。在美联储急剧加息的大背景下，中小银行为了修复资产负债表，不得不采取补充资本金或紧缩贷款的措施，这两种选择均意味着科技创新行业的融资条件将受到限制。而科创企业资金流动性大、融资能力弱、信用度差，难以获得银行贷款，使得提现需求空前加大，加之硅谷银行投资的产品期限较长、主要业务模式又为科创企业提供贷款和产品服务，为银行挤兑事件的爆发埋下了伏笔。

2. 硅谷银行自身经营层面

有些西方经济学者从硅谷银行自身经营方面探究其破产原因，并形成以下几种观点。其一，客户挤兑引发流动性危机。在西方经济学中，在分析金融危机的模型中，具有代表性的是奥伯斯特菲尔德的"多重均衡-自我实现"的危机模型。该模型认为，当某些经济变量发生急剧变化，引发公众的不信任会在市场中传播开来，形成市场共振，进而爆发金融危机。硅谷银行的投资行为具有顺周期性，且客户群体单一，极易产生共振效应。2023 年 3 月 8 日，硅谷银行公布了为填补损失而进行的股本融资，但并未公布将来的交易计划，也未公布预计的收益和损失。储户对硅谷银行前景形成最悲观的预期，在现代信息传播迅速的情况下，储户一旦恐慌，就很容易集中发起挤兑。其二，资产端和负债端错配，非核心负债增加。从 2020 年起，美国实施量化宽松的货币政策，引起银行资产负债表的调整变动。大批科创企业获得巨额融资，将富余的资金存款存入银行，硅谷银行的存款急剧增加，吸收了存款后，硅谷银行将资产投放到了长期美债债券投资上。而在美联储加息、低利率环境下，这些长期债券的收益率必然走低。从 2022 年底开始，美国的科创企业整体前景低迷、吸纳融资困难，亟须到硅谷银行提取存款，但该行持有资产无法在短期内变现，导致存款主要来自快进快出的短期科技企业资金，贷款则是中长期的美国国债。由此，存贷结构出现长短期期限错配问题。近年来，硅谷银行非核心负债占比快速提升，而其非核心负债主要由初创企业存款、创投金融机构存款组成。其中，创投基金存款被包括在"非核心负债"测算中，科创企业存款本质上主要来自金融机构（PE/VC），因此也属于非核心负债。当经济复苏时，硅谷银行资产规模迅速扩大，非核心负债规模相应扩大，形成更高的短期负债规模；而当经济衰退时，这些非核心负债的不稳定性又会进一步凸显，从而导致系统性风险的累积。其三，利率风险系统管理的缺失。2022 年初美联储接连加息，至 2022 年底利率已显著上升，此时美国国债资产价格大幅下降，即出现国债短期收益率高于长期收益率的"倒置"现象。由于硅谷银行低估了美国的通货膨胀、政策和利率趋势，资产和负债都面临着较大的利率风险。加之硅谷银行也没有进行有效及时的衍生产品交易来对冲利率风险，在事后监管者才向硅谷银行发出了关于其利率风险模型的警告，硅谷银行因此不得不以亏损价格卖出美债。在硅谷银行宣布售卖资产的第二天，便引起了客户恐慌，最终导致破产的悲剧发生。其四，负面信息披露不及时不恰当。2023 年 3 月 8 日晚，硅谷银行发布公告，其抛售的美债出现亏损，但是具体亏损多少以及未来的交易计划和预期损益，公告中并没有详细说明，这增加了该行在市场中的不确定性风险。硅谷银行忽视了这一消息会带来的影响，高估了市场对此类信息的接受程度，没有及时恰当地向储户进行说明，最终大量储户到硅谷银行提现，酿成硅谷银行破产事件。

3. 美国金融机构监管层面

还有学者从美国金融机构的监管层面探究硅谷银行破产的原因，并形成了以下几种观点。其一，硅谷银行的内部风险管理的缺陷。硅谷银行挤兑事件说明该行风险管控的缺陷相当严重。美联储随后发布的关于对硅谷银行监督和监管的审查报告明确指出，该行董事会未能从管理层那里获取全面而详尽的风险信息，亦未能有效督促管理层承担起管理风险的首要责任。加之硅谷银行缺乏适应外部条件的风险评估机制，当关键市场指标如利率发生变化时，内部控制系统未能及时响应外部风险的预警，最终导致市场对其丧失信心、引发破产倒闭。其二，美国对金融机构外部监管的缺位。美联储发布的一份评估报告中指出，硅谷银行倒闭是管理不善、监管不力和媒体哄炒共同造成的，并承诺未来将加强对银行的监管。美联储发布的关于对硅谷银行监督和监管的审查报告中指出，美联储的管理和监管缺陷是导致银行最终走向破产的重要原因。2019 年，美联储修订了监管框架，采取了定制化（不同规模的银行适用不同的监管标准）的监管框架，维持了适用于全球系统重要性银行的严格审慎标准。流动性监管指标本可以作为资本监管的补充，虽然不能确保使用高严格的指标就能消除破产危机，但是在一定程度上会增强银行的稳健性。2020 年 10 月，美国对硅谷银行等中小银行包括资本和流动性在内的监管要求放宽了条件，使硅谷银行完全不受流动性监管约束，最终流动性缺口难以被覆盖，没能避免破产危机。①

---

① 刘婕等编译《美联储发布对被处置的硅谷银行的监管审查报告》，搜狐网，https://business.sohu.com/a/672399978_481887。

（二）基于硅谷银行破产：资本主义金融危机爆发的里因

产权是一种重要的权利，可以对资源通过期望的方式进行有效的分配。那么，为什么说金融资本的私有产权属性必然导致金融危机？

其一，金融资本追逐剩余价值的特征。资本在追求剩余价值过程中遭遇利润率下降的问题，利益至上的资本家必然会找寻新的获利途径。于是，金融资本的出现就成为必然。马克思指出："它再生产出了一种新的金融贵族，一种新的寄生虫，——发起人、创业人和徒有其名的董事；并在创立公司、发行股票和进行股票交易方面再生产出了一整套投机和欺诈活动。"[1] 一方面，金融资本对资本主义经济的发展起到了一定的正向作用，资本有了新的获利来源；另一方面，金融资本的本性依然是追逐剩余价值，金融资本家的目的依然是获取超额垄断利润。马克思指出："借贷资本靠同时牺牲产业资本家和商业资本家而进行积累。"[2] 金融资本就其初始形态来看，就是产业资本与银行资本的融合。[3] 然而，资本逻辑主宰下的金融资本产权运行，使得当今演化出来的金融资本形式越来越脱离产业资本，主要在非实体经济领域追求超额垄断利润。这表现在两个方面。首先，对产业资本进行过度信用投放。在经济态势向好时，企业的资产价值呈现出上涨趋势，金融资本凭借其对证券和股票的占有权，从产业资本中截取高额利润，也就意味着产业部门的债务持续增加；一旦经济下滑时，产业资本无法获取利润，必然会积累大量无法偿付的债务。其次，在非实体经济领域造成经济泡沫。非实体经济领域已经成为金融资本获取利润的最主要的途径，金融资本通过操

---

① 《马克思恩格斯选集》第 2 卷，北京：人民出版社，2012，第 569 页。
② 《马克思恩格斯文集》第 7 卷，北京：人民出版社，2009，第 569 页。
③ 乔榛、张志欣：《金融资本扩张对世界格局的影响：历史变迁、现实状况与未来趋向》，《福建师范大学学报》（哲学社会科学版）2023 年第 1 期。

纵汇率、操纵大宗商品价格、利用金融衍生品制造和传递金融危机。①
硅谷银行为了追求高利润、高回报,偏离主营业务模式,在经济态势下
行的背景下,走向了破产的末路。以硅谷银行为典型的私有金融资本通
过对他人资金的使用权,追求高额利益、滥用信贷制度、更新金融产品
等,因而当虚拟经济缺乏监管、过度膨胀时,其所带来的泡沫风险将会
对实体经济造成巨大冲击,从而引发金融危机,对整个国家乃至全球经
济运行产生深远影响。

其二,金融资本寻求新积累空间的特征。正如列宁指出:"帝国主
义的特点,恰好不是工业资本而是金融资本。"② 金融资本将利润追逐
的触角伸向整个世界,在全球空间内获取巨额利润。金融资本在全球范
围内扩张形成了金融资本的全球化,而金融资本全球化与一般意义上的
全球化不同,它是建立在经济全球化的基础上、由金融资本主导、以发
达国家跨国公司为载体的资本全球化。③ 跨国金融机构不仅数量在增
加,规模也越来越大,大到不能随意倒闭的地步,即金融机构因为规模
过于庞大,且彼此之间有着紧密的业务联系或是资金联系,任何一个破
产都会给一个国家乃至全球带来致命性的破坏。金融资本力图组建金融
机构战略同盟等国际垄断组织,整合全球产业链,对发展中国家、对全
世界劳动者进行金融掠夺或金融渗透。当前金融资本被私人占有是金融
危机爆发的主要推动力,在资本私有产权运行逻辑下,金融资本的劣根
性致使它不是成为世界经济秩序稳定的自觉维护者,而是成为经济金融
危机的传导者。

其三,金融资本剥削隐蔽性的特征。在当代,金融资本触角已悄无
声息地触及每个行业,甚至每个人。一是金融资本家将货币借贷给或投

---

① 银锋:《金融资本新霸权资本主义及其未来走向——对当前资本主义经济发展阶段的认识》,《经济问题》2012 年第 10 期。

② 《列宁选集》第 2 卷,北京:人民出版社,2012,第 653 页。

③ 李国平、周宏:《金融资本主义全球化:实质及应对》,《马克思主义研究》2014 年第 5 期。

资给产业资本家、商业资本家，从而通过利息、股息或红利等形式获取产业资本和商业资本的部分超额利润。二是金融资本家加强对工薪阶层的剥削。一方面，金融机构以低廉的首付、宽松的信贷条件、更长的分期付款年限为工薪阶层提供贷款，以此来维持其产权的虚拟价值；另一方面，私人金融垄断资本构成的美联储以宽松的货币政策（其实质是滥印发美钞的政策）所造成的通货膨胀，提高了住宅、办公楼和工厂的成本，抬升生活开支、医疗保险等价格，将相当一部分救助金融机构的成本转嫁到社会中下阶层身上。这样一来，中小型企业在垄断市场中难以避免破产的命运，工薪阶层难以逃脱被剥削的命运。三是美国政府和美联储多次使用量化宽松政策救助金融机构，把公共资产出让给金融资本家，金融资本凭借着对公共资源的占有，继续进行非生产性经营，不断利用政治权力来解除自身危机、躲避监管，运用隐蔽性手段使社会财富日益集中到自己手中。在此次硅谷银行破产事件中，虽有政府为其"买单"，但长此以往，"资本绑架政府和人民"的现象会越发严重，风险难以受到管制，最终会酝酿成更大的金融危机。

综上，无论是自由主义政策下的"1929年大崩溃"和新自由主义政策下的2008年国际金融危机，还是硅谷银行破产，美国等资本主义国家所采取的措施一直受所谓两种观念所支配：一是如果不救助银行，经济会陷入瘫痪；二是如果将银行国有化，资本主义就会终结。在这个"两难选择"中，美国政府自然而然地选择救助私人金融资本，其一系列应对危机的措施使私人金融资本家获得了好处，却使平民百姓遭受到严重损失。在资本主义制度下，尤其是在新自由主义影响下，金融资本和金融寡头的权利被合法化，金融资本家凭借对各种金融工具的占有来获得巨大收益，而国家时常无法甚至是无权干预。硅谷银行的破产、破坏性的金融危机、巨大的金融风险等，都足以证明金融资本的私有产权属性具有逐利的贪婪性和隐蔽的剥削性，其野蛮面不断暴露出来，从一次银行破产和金融危机走向更多的银行破产和更深的金融危机。

三　警示镜鉴与中国金融高质量健康发展

当前，美国硅谷银行破产事件为我国金融健康发展起到了警醒作用。党的二十届三中全会通过的《中共中央关于进一步全面深化改革推进中国式现代化的决定》指出："深化金融体制改革。……积极发展科技金融、绿色金融、普惠金融、养老金融、数字金融，加强对重大战略、重点领域、薄弱环节的优质金融服务。完善金融机构定位和治理，健全服务实体经济的激励约束机制。……优化国有金融资本管理体制。"① 新时代，应肃清新自由主义及其金融思潮的不良影响，积极规范引导中国特色社会主义金融机构的健康发展，坚持金融资本服务实体经济，走出社会主义特色金融发展道路，这是端正我国金融改革的正确方向和推动金融高质量发展的必由之路。其中，必须坚持好"以人民为中心"的金融改革开放发展观，牢牢把握中国金融的"公有主导型""严防风险性""服务实体性"这三个关键点。

（一）坚守中国特色社会主义金融资本的公有属性

在《资本论》中，马克思把经济危机发生的可能性与现实性进行了清晰界分，即金融危机的潜在性亦即其一般条件的存在，并不等同于其现实性的降临。在自然经济条件下，不可能发生经济危机；在简单商品经济下，虽有危机的萌芽，有危机的可能性，却不存在危机的现实性。这就是说，随着资本主义生产方式逐步确立，金融资本逐渐垄断在少数金融资本家手中，才会导致金融危机的发生成为现实。金融资本作为一种资本形态，其存在并不囿于资本主义社会的特有经济范畴之中，同样也存在于社会主义初级阶段中。只不过在社会主义市场经济体制

---

① 《中共中央关于进一步全面深化改革　推进中国式现代化的决定》，《人民日报》2024年7月22日。

中，金融资本的产权属性是公有资本，绝不会出现资本主义经济下的"道德风险"。金融资本的公有属性，深刻体现了其作为国家金融命脉的掌控者角色，致力于维护社会金融系统的稳健运行，在防范金融风险、抵御金融危机、服务实体经济、服从国家宏观战略等方面发挥着不可或缺的作用。其运作的核心理念，乃是必须服从于社会主义国家的整体利益、服务于广大劳动人民群众的根本利益。因此，未来不管中国金融体制怎么进行技术性改革，都必须牢牢守住主导型金融资本的公有属性，提高政策性金融机构数量及其资本在国有金融资本占比，为民生支柱产业提供金融支持，保障国家金融自主性，时刻发挥中国特色金融机构公有属性的保障和稳定功能，如此才能遏制私人金融资本无序扩张并规范中国金融事业的发展方向。

（二）不断深化对金融资本全过程、全方位监管的体制机制改革

在市场经济的大潮中，金融资本的巨大灵活性不可避免地会导致诸多乱象。近年来，诸如"明天系""安邦系"等金融企业集团和恒大集团、中植集团、河南村镇银行等许多重大金融违规事件，极大地扰乱了金融市场的正常秩序，阻碍了金融系统的稳定运行。党的二十大报告特别强调："加强和完善现代金融监管，强化金融稳定保障体系，依法将各类金融活动全部纳入监管，守住不发生系统性风险底线。"[①] 因此，无论是对于国有金融机构，还是对于包括外资在内的非公有金融机构，都必须健全事前事中事后的全过程、全方位的监管体制机制，形成事前预防、事中控制、事后处置的全方位、全过程的监管闭环。与此同时，还要加强金融机构内部治理，督促金融机构全面细化和完善内控体系，严守会计准则和审慎监管要求。只有强化内外部监督，规范信息披露，

---

① 习近平：《高举中国特色社会主义伟大旗帜 为全面建设社会主义现代化国家而团结奋斗——在中国共产党第二十次全国代表大会上的报告》，北京：人民出版社，2022，第29~30页。

增强市场约束，实现监管全链条全领域全覆盖，构建出一套分别适用大、中、小不同类型金融机构的监管指标，精准地实施惩处和问责，做到公平公正公开，才能建立科学高效的金融监管和高质量的金融运行体系。

（三）有效引导和规范金融资本精准滴灌实体经济

党的二十大报告提出，"加快构建新发展格局，着力推动高质量发展"，"坚持把发展经济的着力点放在实体经济上"。[①] 实体经济是社会主义市场经济的根基，金融资本源于实体经济，同时又反作用于实体经济，金融资本为实体经济服务是其本质和本分。近年来，中国出现了金融资本的无序扩张和野蛮生长情况，给中国金融安全和经济稳定发展带来了危害，也让我们认识到社会主义市场经济也存在金融风险。新时代，深化经济金融体制改革，我们应始终将金融有效服务实体经济、精准滴灌实体企业放到首位。与西方某些金融工程和金融创新相比，中国金融支持实体经济可能存在回报周期长、资本回报率低和风险度较高的情况，这就不能仅仅满足资本增殖的一般性特性，还要保障金融稳定和促进实体经济发展的全局担当。防止金融资本无序扩张，不是不要金融资本，而是要对其加以规范与引导。一方面，要引导金融机构树牢服务实体经济理念，鼓励更多资金流向实体经济，做好科技金融、绿色金融、普惠金融、养老金融、数字金融五篇大文章，加大对制造业和民生经济等支持力度，提高我国制造业在全球价值链的分工地位；另一方面，要克服资本逻辑的悖论，减小投机和逐利的本性，优化虚拟经济的信贷结构，撬动更多社会资本投入科技创新。在金融服务实体经济的过程中，要审视实体经济对金融服务的关键诉求，及时补足缺失的环节，使金融更好地服务于不同主体、不同层次的实体经济需求，确保中国金融运行良好的生态。

---

① 习近平：《高举中国特色社会主义伟大旗帜　为全面建设社会主义现代化国家而团结奋斗——在中国共产党第二十次全国代表大会上的报告》，北京：人民出版社，2022，第28、30页。

马克思主义资本批判理论的生成逻辑与实践旨归

崔唯航[*]

崔唯航[*]

摘　要　马克思关于资本的思想经历了一个逐步发展的过程，其中"资本一般"赋予了资本价值增殖的社会权力，成为马克思对资本概念理解的一个飞跃。马克思通过生息资本揭示了资本逻辑的客观化过程。生息资本在运动过程中，产生了资本内部的分离。在资本逻辑统御下，社会生产发生了颠倒，马克思用"资本拜物教"来表达这种颠倒。随着信用制度和股份制的兴起，生息资本的虚拟化操作方式得以生成，虚拟资本成为金融资本主义的本质规定。

关键词　资本逻辑；生息资本；虚拟资本

随着时代发展和科技进步，资本主义发生了巨大变化。仅就资本形态而言，日益呈现出数字化、虚拟化等新形态，这在相当大的程度上影响甚至重新塑造了现代人的生产生活方式，其带来的一系列新变化已经渗透到社会发展的方方面面。在推进中国式现代化的进程中，如何面对并驾驭资本，也是一个不容绕过的重大问题。马克思主义哲学作为时代精神之精华，必须直面并有效回应这一问题。为此，必须立足新的时代条件，深入研究马克思主义对于资本逻辑及其演进的考察。本文将立足马克思主义立场观点方法，通过对经典文本的研究，来揭示资本逻辑尤

---
　*　作者简介：崔唯航，中国社会科学院大学党委书记，研究员，主要研究方向为马克思主义哲学。

其是虚拟资本的本质及其表达方式，以为推进中国式现代化提供理论支撑。

一 资本逻辑的界定及其理论嬗变

从严格意义上说，我们并不能在《资本论》及其手稿中找到一个关于资本逻辑的明确定义。换言之，在马克思主义经典文本中，资本逻辑不是作为一个界定清晰的概念范畴，而是作为其思想发展中的一个内在轨迹而存在的。在本文中，资本逻辑是指由资本的现实运动所呈现出来的以资本为轴心、渗透到社会生产生活各方面的支配关系、内在联系和发展规律。资本逻辑包含两个核心预设：第一，资本主义的生产方式拓展到、普遍化为人类社会的生产生活方式；第二，资本成为一种客观的、带有支配性的社会权力，它脱离了具体的人格化表达，带有一种自发的能动性。

在马克思的思想中，对资本概念的理解经历了一个逐步发展的过程。马克思在从事政治经济学研究之初，就尝试从不同角度对资本概念进行把握。例如，在《1844 年经济学哲学手稿》中，马克思曾在异化劳动的语境中界定这一概念——**"资本，即对他人劳动产品的私有权"**①（黑体为本文作者所加），因此异化劳动也就是"积蓄的劳动"。②此时，马克思的政治经济学批判还没有揭示出资本与财产权、与财富积累的根本差异。在此，一个核心问题是，究竟是将资本仅仅视为一种可积累的劳动，还是一种包含了"增殖强制"的社会权力，这对于马克思理解资本主义发展机制及其内在矛盾具有至关重要的意义。

马克思在《1857—1858 年经济学手稿》中提出的"资本一般"（Kapital im Allgemeinen）概念是一次重要的理论飞跃。"资本一般"不

① 《马克思恩格斯文集》第 1 卷，北京：人民出版社，2009，第 129 页。
② 《马克思恩格斯文集》第 1 卷，北京：人民出版社，2009，第 130 页。

再意指对具体劳动的占有，而是指"每一种资本作为资本所共有的规定，或者说是使每个一定的价值额成为资本的那种规定"。① 此时的资本规定，不再是积累的劳动，而是生产中的价值增殖，"迄今为止，资本都是从它的物质方面被看作简单生产过程。但是，这个过程从形式规定性方面来看，是价值自行增殖的过程"。② 当资本概念被意指为一种价值增殖的时候，资本作为一种社会权力所包含的强制性，就得到了自己的理论表达："资本的这种内在趋势表现为一种由他人的资本对它施加的强制，这种强制驱使它越过正确的比例而不断地前进，前进！"③

在某种意义上可以说，正是借助对"资本一般"的讨论，马克思实现了对资本概念理解的一次飞跃。如同"生产一般"等概念一样，"资本一般"是马克思分析资本主义生产过程中无法绕开的理论抽象。这一抽象的意义在于帮助马克思超越对具体经验现象的描述性分析，从而获得对于资本、劳动和生产等基本概念的准确理解。需要注意的是，对于这些概念而言，它们所获得的规定的"一般性"，并不是哲学认识论中所惯常使用的"共相"意义上的一般，即后者是从多个具体的特殊存在中概括出来的一个共性，从而形成一种所谓的"一般"。例如，在多个形态各异的桌子中抽象出关于桌子一般的共性。

对于资本、劳动与生产等基本概念而言，我们无法从特殊的资本形态、从完全不同的劳动形式和生产方式中以共性的方式抽象出一个一般性规定，由此马克思才运用了一种类似于黑格尔哲学中经常出现的思维具体的方式来阐发"一般性"。在这种一般性中，每一个特殊的存在与一般性的存在并存。例如，马克思对"资本一般"的讨论是，这种

① 《马克思恩格斯全集》第30卷，北京：人民出版社，1995，第440页。
② 《马克思恩格斯全集》第30卷，北京：人民出版社，1995，第270页。
③ 《马克思恩格斯文集》第8卷，北京：人民出版社，2009，第94~95页。

"与各特殊的现实的资本相区别的资本一般，本身是一种现实的存在"。① 换言之，资本一般中的"一般"并不是一个仅仅存在于柏拉图理念王国中的"理念"，它作为一个社会权力，借助于其所特有的"人格化"表达，即资本家，借助于完成价值增殖的商品与货币，实现着对现实生活的全面把控，即在资本逻辑统御之下，一切事物存在的现实性只能依赖于其具有价值增殖的可能性。在这一意义上可以说，资本一般最为直接地表达了资本主义社会中的"现实"："资本一般"中的"一般的东西，一方面只是思维中的特征，同时也是一种同特殊事物和个别事物的形式并存的、特殊的现实形式"。② 因此，在有关"资本一般"的表述中，资本不是更抽象，而是更贴近资本主义的社会现实。换言之，内含增殖本性的资本所构筑的社会权力，正在试图成为统御资本主义社会各个方面的普遍逻辑。在这一意义上可以说，尽管"资本一般"这一概念在 1863 年以后的《资本论》及其手稿中不再出现，但并不是被马克思所抛弃的概念，而是在完成其特有任务之后，以另一种存在方式被保存了下来。

在我们看来，尽管马克思借助"资本一般"概念完成了对资本之增殖强制本质的揭示，但他对于这种带有浓厚认识论色彩的一般与特殊的表达方式并不满意。因为，从根本上看，由资本概念所规定的社会现实并不能被抽象为一个认识对象来加以把握。因此，必须寻找新的表达方式。1863 年以后，马克思的确放弃了"资本一般"的提法，但并没有放弃被"资本一般"概念所规定的资本的特性。因为其所蕴含的基本特性乃是对资本主义经验事实的恰当概括，只是马克思运用了一些更利于减少歧义的表达方式，如直接用"资本"，或者用"资本本身"。

---

① 《马克思恩格斯全集》第 30 卷，北京：人民出版社，1995，第 440 页。
② 《马克思恩格斯全集》第 30 卷，北京：人民出版社，1995，第 441 页。

在此，我们需要特别关注马克思在《资本论》第3卷中所运用的"资本本身"这一表达方式。这一表达在《马克思恩格斯全集》第二版第46卷中仍然被翻译为"资本一般"①，但其德语原文为 Kapital überhaupt。② 同样，在《资本论》第3卷中，在有关货币资本和生息资本的讨论中，马克思不断借助"资本本身"（Kapital überhaupt）来描述这两种资本形态存在的基本样态："产业资本的一部分，进一步说，还有商品经营资本的一部分，不仅要作为货币资本一般，而且要作为正在执行这些技术职能的货币资本，不断处于货币形式"③，且在随后提到了所谓"生息资本一般是一切颠倒错乱形式之母"。④ 在此，überhaupt 作为"总体""根本""本身"而言，较之于 Allgemeinen 更为具体而整全。马克思后来在对资本运行方式的考察中，认为 Kapital überhaupt 更能表达资本对于社会生活的全面渗透和统御。而这一概念的频繁使用出现在《资本论》第3卷，却也绝非偶然。因为，正是在第3卷中，马克思所关注到的生息资本、信用与虚拟资本中，Kapital überhaupt（资本本身）才得到最为纯粹而彻底的表达，而资本逻辑的力量也在其中得到全面的展现。

二 虚拟资本及其颠倒性表达

作为资本逻辑直接的、纯粹的表达形式，独立化的生息资本的存在

---

① "如果借贷资本的供求要和资本一般的供求相一致（不过资本一般的供求这句话是荒谬的；对产业家或商人来说，商品是他的资本的一个形式，而他所要的从来不是资本本身，相反，他所要的始终只是这种特殊的商品本身，并且把它作为商品——谷物或棉花——来购买和支付，而不管它在他的资本循环中起什么作用），那就要假定没有货币贷放者，代替货币贷放者的是占有机器、原料等等的借贷资本家，他们像出租房屋一样，把这些东西贷给或租给那些自己也有一部分这些物品的产业资本家。"《马克思恩格斯全集》第46卷，北京：人民出版社，2003，第587页。

② K. Marx, *Das Kapital*, Dritter Band, Buch III. Berlin, Dietz, 2018, 35 Auflage, S. 534.

③ 《马克思恩格斯全集》第46卷，北京：人民出版社，2003，第351页。德文参照 K. Marx, *Das Kapital*, Dritter Band, Buch III. Berlin, Dietz, 2018, 35 Auflage, S. 327。

④ 《马克思恩格斯选集》第2卷，北京：人民出版社，2012，第574页。德文参照 K. Marx, *Das Kapital*, Dritter Band, Buch III. Berlin, Dietz, 2018, 35 Auflage, S. 483。

形式让货币仿佛具有了一种自我繁殖的内在力量。马克思曾经运用不同的比喻来阐发货币的这一自我繁殖：货币"就像梨树的属性是结梨一样"①，又"好像窖内的葡萄酒，经过一定时期也会改善它的使用价值一样"②，而且"货币现在'害了相思病'。只要它被贷放出去，或者投到再生产过程中去……那就无论它是睡着，还是醒着，是在家里，还是在旅途中，利息都会日夜长到它身上来"③，等等。其目的是说明，生息货币去除了全部生产和流通的具体演化过程（价值增殖的内容），转而成为一种无中介的纯粹货币形式的自我增殖。生息资本在此意义上成为非人格化的资本逻辑的自我演变。资本，如同一颗可以自我生长的种子，并且生长本身成为种子之为种子存在的全部目的和意义。

回到马克思的文本，我们会发现，马克思还未能形成对生息资本的系统讨论，相反生息资本总是在诸如对货币经营资本、货币资本等概念中不断被刻画。在笔者看来，相对于以上两个概念，生息资本是更为准确的表达方式。因为生息资本一方面精确地表达了货币经营资本以及货币资本的内在运行机制，即对利息的依赖；另一方面直接显露出资本自身成为价值增殖的承担者（资本自身直接成为商品）的本质。因此可变成为商品的资本，并不仅仅包含流通中的货币，还可能是意指货币的各种票据，以及意指各种债权关系的各种证券。从这一意义上可以说，生息资本的内涵较之货币经营资本、货币资本更为深刻、外延更广。它应成为我们理解马克思对诸资本新形态分析的有效入口。

在此，我们对生息资本的分析，意图在于揭示和把握资本逻辑是如何实现对社会现实的全面操控的。为此，我们将从两个问题入手，来分析生息资本诞生以后，马克思对资本存在形态的讨论。

---

① 《马克思恩格斯全集》第46卷，北京：人民出版社，2003，第441页。
② 《马克思恩格斯全集》第46卷，北京：人民出版社，2003，第443页
③ 《马克思恩格斯全集》第46卷，北京：人民出版社，2003，第443页。

（一）在生息资本逐步普泛化的过程中，资本如何脱离其固有的生产过程和流通过程，展现出一种自发自觉的运行逻辑

首先需要指出的是，马克思曾通过对高利贷和生息资本之间的区分，指出资本逻辑运行下，货币自我增殖的内在机制与前资本时代中高利贷的根本差异。高利贷在表现形式上也会呈现出一种相对独立的、以追求货币的自我增殖为目的的货币存在方式，但它却不能被视为生息资本的历史源头。相反，生息资本的诞生只能是在资本主义时代得到普遍发展之后。原因在于："高利贷资本有资本的剥削方式，但没有资本的生产方式。"① 换言之，高利贷与生息资本的执行者截然不同，前者贷出货币是为了实现实体财富的增加，最终的结果是剥夺借贷人的全部财产，包括他们用以维持生计的生活条件。对此，马克思曾通过对希腊、罗马时期高利贷者对贫民的无情盘剥给出了清晰说明。② 而生息资本的执行者，却基本确认资本的借入者"相信他会用借来的资本执行资本家的职能，占有无酬劳动。他是作为可能的资本家得到贷款的"。③ 换言之，生息资本的执行者所理解的社会财富是能否实现增殖的资本，因此他贷出货币并不是为了占有劳动者的全部生产资料和生活资料，反而是劳动者的劳动。由此，我们可以确认，支撑生息资本的人是富有独特人格特征的资本家。

但是，在生息资本的演化过程中，资本与其人格化的资本家之间同样发生了层层剥离。生息资本的诞生让总的资本投注所产生的利润被分割为利息与企业主收入。马克思用了相当大的篇幅谈论两种资本彼此之间的"硬化"和"独立化"。④ 这种资本主义内部的矛盾，不仅包含资

① 《马克思恩格斯全集》第46卷，北京：人民出版社，2003，第676页。
② 参见《马克思恩格斯全集》第46卷，北京：人民出版社，2003，第672~674页。
③ 《马克思恩格斯全集》第46卷，北京：人民出版社，2003，第679页。
④ 《马克思恩格斯全集》第46卷，北京：人民出版社，2003，第421页。

本与劳动者，同时还包含拥有资本所有权的资本家与执行职能的资本家之间的分裂与对峙。而正是在后者——执行职能的资本家的"硬化"和"独立化"成为资本逻辑持续拓展的内在动力，资本形态发生了质性转变，信用机制和股份制产生了。因为这两种机制首先需要货币的执行与货币的所有权的分离。但是，也正是在信用机制和股份制的运行过程中，马克思发现了一种资本自身的异化，它表现为作为企业主的资本家仅仅作为货币的执行者，而非货币的拥有者，也在进行一种不同于一般生产劳动的劳动：

> 因为资本的异化性质，它同劳动的对立，被转移到现实剥削过程之外，即转移到生息资本上，所以这个剥削过程本身也就表现为单纯的劳动过程，在这个过程中，执行职能的资本家与工人相比，不过是在进行另一种劳动。因此，剥削的劳动和被剥削的劳动，二者作为劳动成了同一的东西。剥削的劳动，像被剥削的劳动一样，是劳动。利息成了资本的社会形式，不过被表现在一种中立的、没有差别的形式上；企业主收入成了资本的经济职能，不过这个职能的一定的、资本主义的性质被抽掉了。①

而与之相应的是：

> 随着信用而发展起来的股份企业，一般地说也有一种趋势，就是使这种管理劳动作为一种职能越来越同自有资本或借入资本的占有权相分离，这完全像司法职能和行政职能随着资产阶级社会的发展，同土地所有权相分离一样，而在封建时代，这些职能却是土地所有权的属性。但是一方面，因为执行职能的资本家同资本的单纯

---

① 《马克思恩格斯全集》第46卷，北京：人民出版社，2003，第430页。

所有者即货币资本家相对立，并且随着信用的发展，这种货币资本本身取得了一种社会的性质，集中于银行，并且由银行贷出而不再是由它的直接所有者贷出；另一方面，又因为那些不能在任何名义下，既不能以借贷也不能以别的方式占有资本的单纯的经理，执行着一切应由执行职能的资本家自己担任的现实职能，所以，留下来的只有执行职能的人员，资本家则作为多余的人从生产过程中消失了。①

概言之，在资本逻辑的推动下，货币资本家（银行家、债权人等）与产业资本家（企业主）发生的对立，让产业资本家沦为了另一种形态的劳动者，随后发展起来的股份制又让货币资本与特定人格化的资本家分离，获得了马克思所说的"社会资本"②的形态。这一分离的最终结果，正如马克思所明确指出的那样："资本家则作为多余的人从生产过程中消失了。"

刚刚获得独立的货币资本家在股份制下沦为不同于企业主的另一种社会存在。至此，马克思借助对诸资本形态的演化推进，逐步明晰了一种新的对立：资本与劳动者之间的对立。在此，资本作为一种社会关系具有自身的客观性和自发性，而劳动者则可泛指从事各种劳动的人，其中包括拥有货币的货币资本家、管理货币职能的证券经纪人，以及执行货币执行职能的企业主、从事生产的劳动者。这是马克思在《资本论》第3卷中所构筑的资本主义社会的内在矛盾：对立的一方为获得完全的客观化、独立化显现的资本，它的增殖强制成为其推演自身的内在动力，正是在这一意义上，资本逻辑才得以真正完成自身的界定；对立的另一方则是泛化为各种形式的劳动，从事这些劳动的人占据着资本主义社会的方方面面。他们可以拥有不同的收入分配来源、不同的收入水

---

① 《马克思恩格斯全集》第46卷，北京：人民出版社，2003，第436页。
② 《马克思恩格斯全集》第46卷，北京：人民出版社，2003，第494页。

平、不同的生活方式，但都不过是客观的资本逻辑对立的劳动者。正是在这一意义上，当我们再度回顾马克思在《资本论》第 3 卷的最后，对"劳动"所给出的说明，似乎可以看到在资本逻辑统御下劳动的两面性。马克思指出，劳动是：

> 指人借以实现人和自然之间的物质变换的人类一般的生产活动，它不仅已经脱掉一切社会形式和性质规定，而且甚至在它的单纯的自然存在上，不以社会为转移，超越一切社会之上，并且作为生命的表现和证实，是尚属非社会的人和已经有某种社会规定的人所共同具有的。①

在其中，马克思不仅指出，劳动是所有人所共有的一种"生命的表现与证实"，而且还指出它似乎因"不以社会为转移"，而存在"超越一切社会之上"的可能性。换言之，马克思一方面承认了资本主义社会中资本与全体人（已全部无差别地转变为劳动者）之间的对立；另一方面又从生命的角度来界定劳动，从而为劳动超越资本逻辑提供了一种可能性。

（二）资本的神秘化何以发生：从商品拜物教到资本拜物教

马克思指出："在生息资本上，资本关系取得了它的最表面和最富有拜物教性质的形式。"② 拜物教是马克思用以批判资本主义的方法。这一方法中包含一种对社会现实颠倒性的误认，如在商品拜物教中，将商品价值中所蕴含的人与人之间的关系误认为物与物之间的关系。同样，在资本逻辑的统御下，"下面这一点也是颠倒的：尽管利息只是利润即执行职能的资本家从工人身上榨取的剩余价值的一部分，现在利息

---

① 《马克思恩格斯全集》第 46 卷，北京：人民出版社，2003，第 923 页。
② 《马克思恩格斯全集》第 46 卷，北京：人民出版社，2003，第 440 页。

却反过来表现为资本的真正果实，表现为原初的东西，而现在转化为企业主收入形式的利润，却表现为只是在再生产过程中附加进来和增添进来的东西。在这里，资本的物神形态和资本物神的观念已经完成。在G—G′上，我们看到了资本的没有概念的形式，看到了生产关系的最高度的颠倒和物化：资本的生息形态，资本的这样一种简单形态，在这种形态中资本是它本身再生产过程的前提；货币或商品具有独立于再生产之外而增殖本身价值的能力，——资本的神秘化取得了最显眼的形式"①。

这里的"资本的神秘化"，强调的是资本的增殖脱离生产领域，独立于再生产，其动力来自资本自身的运动。这一情况只有在资本发展到生息资本之后，才能够得以实现。相比于商品拜物教，资本拜物教不仅仅是一个对于资本概念的误认——如同在商品拜物教中，我们对于商品价值的误认一样，更为重要的是，由于这一误认，原初统摄产业资本的生产方式将发生根本性变化，具体表现为：当生息资本以及信用制度、股份制成为资本逻辑运行的基本方式之后，生产不再是为了在买与卖之间完成"惊险一跃"后实现价值增殖，而是在生产开始之前，就已经被预先设定的价值增殖的驱动下，不得不开展的活动。

在前一种生产中，价值增殖对于生产而言，并不具有强制性，它也没有被预估为一个可能的数量，因此生产与消费之间的关系还可以作为同一过程中的两个环节相互影响。而在后一种生产中，由于价值增殖及其可能的数量在生产之前就已经被确定，从而不仅生产必须服从于增殖强制的资本逻辑，同时还总是以可能的生产过剩为其最终结果，因为在生息资本及其信用机制的鼓励下，价值增殖总是在一种相对过剩的意义上被预估。而正是在对这种"过剩"的预估中，虚拟资本诞生了。

马克思讨论虚拟资本的方式不是论证性的，而是例证性的。马克思并没有给出对虚拟资本的准确界定。这大不同于他对商人资本、货币资

---

① 《马克思恩格斯全集》第46卷，北京：人民出版社，2003，第441~442页。

本、生息资本、信用机制等的处理方式。对于后面这些概念，马克思总是试图转换不同的角度展开分析。但对于虚拟资本，他却只是借助一些经验例证（其中较为典型的是他关于 1840 年中国市场被打开之后，英国资本家的生产发生了一些显著变化）来加以分析。这些变化包含两个特点。

其一，基于对中国市场的乐观预期，生产获得了迅猛扩大，由此激发了生产的虚拟需求，这是虚拟资本诞生的第一个条件，也可视为虚拟资本的第一个规定。马克思引用了《商业危机》的相关报道："1842 年底，从 1837 年以来几乎不间断地压在英国工业身上的压力开始减弱。在其后的两年中，外国对英国工业品的需求增加得更多；1845—1846 年是高度繁荣的时期。1840—1842 年的鸦片战争，为英国商业打开了中国的门户。新的市场，给予当时已经存在的蓬勃扩展，特别是棉纺织业的扩展以新的借口。'我们怎么会有生产过多的时候呢？我们要为三亿人提供衣服。'——当时曼彻斯特一位工厂主就是这样对笔者说的。"①

其二，为了完成这一虚拟需求所要求的生产总量的扩大生产，工厂需要相应的资本注入，而现实的资本又无法满足这一需要，这时扩大生产主要依赖的是信用机制和股份制。在这两种机制下，用以扩大生产的资本不再是现实的货币，而是股份、债权甚至有待贴现的汇票等。这是虚拟资本更具本质的表现方式。换言之，用以投入现实生产的资本本身变成了诸多票据，它们在被真实兑现之前已经完成了 n 次周转，并在周转中完成了对现实生产的支持。这种信用制度所产生的杠杆效应，是虚拟资本的本质规定。"于是就产生了为换取贷款而对印度和中国实行大量委托销售的制度。这种制度，像我们在以下的说明中将详细描述的那样，很快就发展成为一种专门为获得贷款而实行委托销售的制度。"② 这进一步表现为，"在东印度贸易上，人们已经不再是因

---

① 《马克思恩格斯全集》第 46 卷，北京：人民出版社，2003，第 458 页。
② 《马克思恩格斯全集》第 46 卷，北京：人民出版社，2003，第 459 页。

为购买了商品而签发汇票，而是为了能够签发可以贴现、可以换成现钱的汇票而购买商品"。①

进而言之，在虚拟资本的统御下，一切生产、销售和购买都脱离了真实的需要（需要什么和需要多少）；相反，所有的需要（真实的抑或虚假的）都是为了生产、销售和购买而被预估。在此过程中，资本在流转中实现增殖，原初虚拟的资本获得了真正实现。例如，银行的储备金，就曾被马克思作为虚拟资本的一种运作形式来加以说明。② 由于信用制度是虚拟资本得以运行的根本机制，马克思对信用制度的欺骗性进行了批判："信用制度固有的二重性质是：一方面，把资本主义生产的动力——用剥削他人劳动的办法来发财致富——发展成为最纯粹最巨大的赌博欺诈制度，并且使剥削社会财富的少数人的人数越来越减少；另一方面，造成转到一种新生产方式的过渡形式。正是这种二重性质，使信用的主要宣扬者，从约翰·罗到伊萨克·贝列拉，都具有这样一种有趣的混合性质：既是骗子又是预言家。"③

在马克思撰写《资本论》的 19 世纪中后期，资本主义在其狂飙突进之际，已经拥有了多种资本形态，只是所有这些资本形态都与产业资本处于共生共荣的状态。随着时代的演进，新的资本形态不断涌现出来。新资本形态的产生一方面缓解了生产与消费之间相对过剩所产生的危机，最终甚至不惜以制造虚假需求，并构筑虚拟资本来应对危机；另一方面也带来新的问题，比如生息资本、信用和股份制的问题。

从根本上看，虚拟资本并不能算作与商人资本、产业资本与生息资本并列的一种新的资本形态，而是马克思为描述伴随着银行业的兴起而逐步展开的信用机制和股份制——它们不过是生息资本的虚拟化操作方式——而给出的一个概念。这个概念隐含着马克思对资本拜物教的全部

---

① 《马克思恩格斯全集》第 46 卷，北京：人民出版社，2003，第 461 页。
② 相关论述参见《马克思恩格斯全集》第 46 卷，北京：人民出版社，2003，第 537 页。
③ 参见《马克思恩格斯全集》第 46 卷，北京：人民出版社，2003，第 500 页。

批判，因此虚拟资本总是被描述为一种"幻想""虚假"的资本形态。

在当代资本主义发展过程中，金融化现象尤为突出，已经成为考察当代资本主义发展不可绕过的重大问题。从总体上看，资本金融化是资本主义发展过程中涌现出来的一种新的资本形态，它本身表征了资本逻辑的极端化和纯粹化。资本金融化的本质是流动性从生产领域的附属性特征升格为资本增殖的核心机制。在资本金融化的发展过程中，虚拟资本发挥了重要作用，在当代金融资本主义的语境下，虚拟资本超越了"虚幻"的表象，成为现实的、活生生的资本样态。对资本金融化形态的考察，必须把握虚拟资本，而把握虚拟资本的关键，在于深入研究马克思主义经典著作，牢牢掌握马克思主义立场观点方法，并以之为理论武器，透过当代资本主义纷繁复杂的现象层面，揭示其本质所在。

列宁主义的思想精髓、理论要旨及当代价值

辛向阳*

摘 要 列宁主义是帝国主义和无产阶级革命时代的马克思主义，是坚持、发展和践行马克思主义的典范，是无产阶级政党的理论基础和指导思想。列宁主义博大精深，是一个以帝国主义理论、无产阶级新型政党理论、无产阶级革命理论、无产阶级专政理论、社会主义建设理论、社会主义发展道路特殊性和多样性理论为主要内容的科学体系。百余年来，中国共产党始终把马克思列宁主义写在自己的旗帜上，坚持学习、运用和创新马克思列宁主义，实现了马克思列宁主义同中国具体实际的"两次结合"与"两个结合"。新时代，在习近平新时代中国特色社会主义思想指导下，中国共产党领导和团结全国各族人民致力于为中国人民谋幸福、为中华民族谋复兴，致力于为人类谋进步、为世界谋大同，取得了历史性伟大成就，为推动构建人类命运共同体提供了切实有效的"中国方案"。

关键词 列宁主义；"两个结合"；马克思主义发展史

一 列宁主义的思想精髓和理论要旨

在长期的革命斗争中，列宁主义的主要创始人列宁把马克思主义基

---

* 作者简介：辛向阳，博士，中国社会科学院马克思主义研究院院长、研究员，主要研究方向为科学社会主义、马克思主义发展史。

本原理同俄国具体实际相结合，根据新的时代特征和斗争需要，提出一系列新的战略思想和理论观点，把马克思恩格斯创立的科学理论体系推进到列宁主义阶段。

（一）在深刻总结资本主义发展进程及内在规律的基础上，创立了帝国主义理论

19世纪末20世纪初，资本主义从自由竞争阶段发展到帝国主义阶段，国际政治、经济形势发生了显著变化。列宁深刻总结《资本论》问世以来特别是马克思恩格斯逝世后资本主义发展的最新变化，继承和发展马克思关于竞争和垄断的关系、资本积累过程中资本过剩等问题的分析方法和观点，创立了帝国主义理论。

列宁依据马克思主义基本原理，对帝国主义作了全面而深刻的分析，创造性地回答了俄国在帝国主义时代所面临和需要解决的历史课题。在1915年写就的《帝国主义是资本主义的最高阶段》这部系统阐述帝国主义理论的代表性论著中，列宁在研究资本主义社会发展规律科学的基础上，从不断变化的资本主义生产关系的角度，揭示出资本主义在帝国主义发展阶段经济和政治发展不平衡的客观规律，指出"作为一般资本主义基本特性的发展和直接继续而生长起来的"[1] 帝国主义是资本主义发展的一个阶段。在这个阶段，"垄断代替自由竞争，是帝国主义的根本经济特征，是帝国主义的实质"。[2] 在此基础上，列宁从"生产的集中和垄断""金融资本的产生和发展""金融资本的统治""资本输出""大国瓜分世界"等方面，对帝国主义国家进行深入考察和分析，阐明这些国家形成的垄断组织是如何影响本国和世界经济运行过程和发展趋势的，并由此得出帝国主义是资本主义发展"最高"和"最后"阶段、是无产阶级革命"前夜"的著名论断。

---

[1] 《列宁全集》第27卷，北京：人民出版社，2017，第400页。
[2] 《列宁全集》第28卷，北京：人民出版社，2017，第69页。

列宁有关帝国主义的垄断特征及其寄生性、腐朽性、垂死性历史趋势的科学论断，为后来两次世界大战所证实，也为其后的社会实践和世界历史反复验证。列宁创立的帝国主义理论为世界无产阶级提供了正确认识帝国主义本质并进行无产阶级革命的强大思想武器，至今依然闪烁着耀眼的真理光芒。当下"我们依然处在马克思主义所指明的历史时代"①，同时，也依然处于列宁所指明的金融帝国主义特别是跨国金融垄断帝国主义这一特定的历史时代。

（二）在建立和巩固无产阶级政党的艰辛探索和伟大斗争中，创建无产阶级新型政党理论

19世纪末，资本主义进入帝国主义和无产阶级革命的时代。既然要革命，就要有一个坚强的无产阶级革命的政党。在新的历史条件下，列宁继承马克思恩格斯关于无产阶级的政党学说，结合俄国无产阶级夺取政权和建设社会主义的具体实践，建立和巩固了新型无产阶级政党——布尔什维克党，提出了一套完整的建党和党建学说，创立了无产阶级新型政党理论。

"列宁有个完整的建党的学说。"② 1895年，他为无产阶级新型政党起草了第一个纲领草案和说明，初步论述了党的纲领和基本原则。1900年，列宁为《火星报》创刊号撰写了《我们运动的迫切任务》，在这篇社论中，列宁强调了"把社会主义思想和政治自觉性灌输到无产阶级群众中去，组织一个和自发工人运动有紧密联系的革命政党"③ 的重要性和迫切性。1902年，在《怎么办？》中，列宁阐明了马克思主义理论对无产阶级政党建设的指导意义，为新型无产阶级政党奠定了思想理论基础。1904年，在《进一步，退两步》中，列宁创造性地提出了新型

---

① 《习近平谈治国理政》第2卷，北京：外文出版社，2017，第66页。
② 《邓小平文选》第2卷，北京：人民出版社，1994，第44页。
③ 《列宁全集》第4卷，北京：人民出版社，2013，第335页。

无产阶级政党的组织原则，进一步发展了马克思主义关于无产阶级政党的学说。1905 年，社会民主工党第三次代表大会结束后不久，列宁写就《社会民主党在民主革命中的两种策略》，其中完整地提出有关无产阶级在资产阶级民主革命中掌握领导权的重要性思想，丰富发展了马克思主义政党理论。1906 年，列宁在《提交俄国社会民主工党统一代表大会的策略纲领》中明确提出："党内民主集中制的原则是现在一致公认的原则。"① 同年，民主集中制的原则被载入党章。1920 年，列宁在《共产主义运动中的"左派"幼稚病》中，全面总结了布尔什维克党在党的建设方面的基本经验。

列宁的无产阶级新型政党理论，"新"就新在与时俱进的理论品质上。一方面，列宁关于无产阶级新型政党的理论回答了俄国工人阶级政党在"建党"过程中遇到的诸多新问题，回应和批判了经济派和孟什维克等机会主义派别在建党问题上的错误思想，阐述了"铁的政权"和"坚实的经济"是俄共（布）能够胜利以及社会主义得以实现的两个条件，丰富和发展了马克思主义关于无产阶级政党的理论，为指导俄国无产阶级新型政党的建设提供了思想保障。另一方面，列宁的无产阶级新型政党理论还包括无产阶级政党执政与自身建设的党建理论。十月革命胜利后，俄共（布）成为执政党②，列宁在带领党和人民进行执政党建设和社会主义建设的过程中，对共产党的执政基础、执政理念、执政方式等内容进行了深入思考，形成了无产阶级新型政党执政理论。他指出："无论结局怎样，我们都应当是独立的、纯粹无产阶级的政党，应当坚定不移地领导劳动群众去实现他们的伟大的社会主义目标。"③ 这些思想从理论和实践上丰富和发展了马克思主义政党理论。

---

① 《列宁全集》第 12 卷，北京：人民出版社，1987，第 214 页。
② 1917 年俄国十月革命胜利后，列宁领导的俄国社会民主工党（布尔什维克）曾与左派社会革命党联合执政；1918 年联合执政破裂后，由布尔什维克党（后改称苏联共产党）一党执政。
③ 《列宁全集》第 16 卷，北京：人民出版社，2017，第 392 页。

（三）在把马克思主义基本原理同俄国革命具体实际相结合的过程中，深化了无产阶级革命理论

帝国主义时代，俄国国内的社会矛盾达到空前尖锐的程度，沙皇专政与人民大众、农民与封建主、无产阶级与资产阶级、俄国与帝国主义之间矛盾重重、复杂交错。"俄国成为帝国主义时代各种矛盾的集中点。"① 尖锐集中的矛盾必然促使革命力量的成熟和革命形势的发展。俄国成为世界革命的中心，俄国无产阶级成为革命的先锋队。正如列宁指出："历史现在向我们提出的当前任务，是比其他任何一个国家的无产阶级的一切当前任务都更革命的任务。实现这个任务……就会使俄国无产阶级成为国际革命无产阶级的先锋队。"②

列宁关于俄国民主革命的理论继承了马克思主义"民主革命是资产阶级革命"的思想。列宁在《社会民主党在民主革命中的两种策略》以及其后不久所写的《社会民主党对农民运动的态度》《社会主义和农民》中，深刻总结了这场革命的经验教训，系统阐述了资产阶级民主革命的理论和策略，并把马克思主义关于不断革命的思想创造性地运用于俄国的革命实践，全面论述了民主革命和社会主义革命的区别与联系、过渡与转变。列宁把资产阶级民主革命比作第一步，把社会主义革命比作第二步。他说："我们必须尽快地走完第一步，必须尽快地结束这一步，争得共和制，无情地粉碎反革命，打下走第二步的基础。"③又说："因为我们将立刻由民主革命开始向社会主义革命过渡，并且正是按照我们的力量，按照有觉悟有组织的无产阶级的力量开始向社会主义革命过渡。我们主张不断革命。我们决不半途而废。"④ 列宁还高度

① 梅荣政：《列宁主义及其划时代意义》，《马克思主义理论学科研究》2020年第1期。
② 《列宁全集》第6卷，北京：人民出版社，2013，第26~27页。
③ 《列宁选集》第1卷，北京：人民出版社，1995，第547页。
④ 《列宁选集》第1卷，北京：人民出版社，1995，第650页。

关注革命过程中工农联盟的问题，他强调："只有农民群众加入无产阶级的革命斗争，无产阶级才能成为战无不胜的民主战士。如果无产阶级力量不够，做不到这一点，资产阶级就会成为民主革命的首领并且使这个革命成为不彻底的和自私自利的革命。"①

列宁丰富和发展了马克思恩格斯关于无产阶级革命的理论。他没有拘泥于马克思恩格斯的社会主义革命"同时胜利"的理论，而是根据俄国国情，提出了"一国胜利论"。进行社会主义革命，时机最成熟的地方是矛盾最尖锐、帝国主义统治最薄弱、革命力量最强大的地方，资本主义将会首先在这里被冲垮。基于此，列宁判断俄国已经具备了无产阶级革命的条件，并领导布尔什维克党和俄国人民成功地进行了十月革命，建立了由马克思主义政党领导的世界上第一个社会主义国家。列宁的"一国胜利论"使社会主义从理论变为现实，有力地推进了俄国革命进程，在这个科学理论指导下取得了十月革命的辉煌胜利，更是改变了人类历史运动的方向，开辟了人类历史的新纪元。

（四）在适应俄国无产阶级革命和建设事业发展需要的基础上，发展了无产阶级专政理论

列宁坚持马克思恩格斯有关无产阶级专政的基本原理，结合俄国革命和建设实践，创造性地指出无产阶级专政在苏维埃俄国的具体实现形式是实行无产阶级专政的苏维埃制度，从而形成了自己的无产阶级专政理论。列宁把无产阶级专政思想看作马克思主义国家学说的最重要的部分。他指出："只有承认阶级斗争、同时也承认无产阶级专政的人，才是马克思主义者。"② 在列宁看来，是否承认无产阶级专政是检验真假马克思主义者的试金石。

列宁准确把握无产阶级专政的理论精髓，在领导俄国无产阶级革命

① 《列宁选集》第 1 卷，北京：人民出版社，2012，第 566 页。
② 《列宁全集》第 31 卷，北京：人民出版社，2017，第 32 页。

和建设的过程中形成了系统、严谨的无产阶级专政理论体系。这一理论体系的精髓主要集中于 1915 年写就的《几个要点》，1917 年创作的《无产阶级在我国革命中的任务》《论两个政权》《论策略书》《国家与革命》，以及 1920 年写就的《共产主义运动中的"左派"幼稚病》等文献中。在《几个要点》中，列宁明确提出："俄国当前革命的社会内容只能是无产阶级和农民的革命民主专政。"① 在《国家与革命》中，列宁系统阐述了马克思主义关于无产阶级在革命中的任务和无产阶级专政理论，还原并升华了马克思主义创始人关于无产阶级专政的精神内核。列宁的这一重要著作有力地指导了俄国社会主义革命取得伟大胜利，深刻地影响了各国被压迫民族的解放运动。在《共产主义运动中的"左派"幼稚病》中，列宁阐明了无产阶级夺取政权后坚持无产阶级专政的必要性，揭示了无产阶级专政的内涵和任务。他指出："无产阶级专政是对旧社会的势力和传统进行的顽强斗争，流血的和不流血的，暴力的和和平的，军事的和经济的，教育的和行政的斗争。"②

列宁创立的无产阶级专政理论是马克思主义阶级斗争理论的进一步发展，在不同历史发展阶段和具体条件下有不同的表现形式。在无产阶级革命时期，列宁就非常注重革命的关键问题和基本内容。他指出："一切革命的根本问题是国家政权问题。不弄清这个问题，便谈不上自觉地参加革命，更不用说领导革命。"③ 在与反革命力量反复斗争较量的过程中，"无产阶级应当夺取政权，因为政权会使他们成为生活的主宰，使他们能够排除走向自己伟大目的道路上的一切障碍。在这个意义上说来，无产阶级专政是社会革命的必要政治条件"。④ 无产阶级革命胜利后，就有个如何巩固革命胜利成果的问题。列宁不仅看到革命斗争

---

① 《列宁全集》第 27 卷，北京：人民出版社，2017，第 54 页。
② 《列宁全集》第 39 卷，北京：人民出版社，2017，第 24 页。
③ 《列宁全集》第 29 卷，北京：人民出版社，2017，第 131 页。
④ 《列宁全集》第 6 卷，北京：人民出版社，2013，第 193 页。

初期无产阶级专政暴力手段的作用，还深刻地认识到无产阶级专政的新政权在进行社会主义经济建设、组织管理等方面，要注重建立和巩固社会主义生产关系，通过建立秩序和纪律，提高社会主义劳动生产率，"建立比过去更巩固更坚强的无产阶级苏维埃政权"。[①]

列宁对于无产阶级和农民的革命民主专政和无产阶级专政二者关系的认识颇具独创性。在无产阶级和农民的革命民主专政理论中，无产阶级领导的民主革命胜利后所建立的新政权的性质和任务，即这个新政权的性质是工农民主专政，是以工人阶级和农民阶级为专政主体，而不是无产阶级专政，其任务只能是推动完成民主革命，实现无产阶级政党的最低纲领，还不是直接实现社会主义。无产阶级专政是对无产者和一般穷人实行民主的"新型民主"和对资产阶级实行专政的"新型专政"的统一。

（五）对经济文化相对落后国家的社会主义发展道路进行深入探索，形成了社会主义建设理论

1917 年十月革命后，列宁关于社会主义建设的思想随着实践探索的深入，经历了几次历史性的变化：从革命胜利初期试图直接过渡到社会主义，到外国武装干涉和国内战争时期的"战时共产主义政策"，再到 1921 年总结历史经验基础上提出新经济政策，列宁关于社会主义建设和发展的思想历经飞跃，至此达到了理论发展的高峰。

十月革命胜利后，苏维埃政权的建立引起俄国国内外敌对势力的恐惧和仇视。在国外帝国主义和国内反革命势力的武装干涉下，国内人民生产生活形势严峻，各方面物资全面告急。为保卫新生的苏维埃政权，列宁领导俄国人民实行了"战时共产主义政策"，其主要内容是实行余粮征集制。这个政策是无产阶级政权在国内战争环境和帝国主义武装干

---

① 《列宁全集》第 34 卷，北京：人民出版社，2017，第 242 页。

涉下采取的一种应急政策，在当时严峻的形势下发挥了重要作用。正如列宁所言："在我们当时所处的战争条件下，这种政策基本上是正确的。"① 随着国内战争的胜利，苏维埃俄国逐渐转入和平经济建设时期，"战时共产主义政策"的各方面弊端也逐渐显现出来。除了被用于应对当时的国内战争，"战时共产主义政策"本质上是苏维埃政权在当时较为低下的生产力条件下，试图大幅变革生产关系，直接过渡到社会主义阶段。这在一定程度上违背了经济发展规律，使工业生产迟迟不能恢复，大量企业陷入瘫痪，无产者在经济领域里不得不以投机倒把者或小生产者的姿态出现，农民经济的严重危机又导致农民生活加速恶化，整个社会出现经济破坏、物资短缺、物价上涨，人民生活愈加困窘的局面。在这种形势下，"战时共产主义政策"已经不适应新的情况，经济体制亟待调整。列宁通过回顾苏维埃政权探索社会主义建设发展的曲折历程，总结其中的经验教训，根据当时国内经济状况，制定并实施了"新经济政策"。在"新经济政策"中，列宁首次提出苏维埃经济同市场、商业的关系，主张推动发展商品经济，由国家来调节商业和货币流通，即利用国家资本主义解放和发展生产力，以解决当时国内极其严峻的经济发展问题。这些政策的转变改善了人民生活，促进了国内生产发展，在一定程度上恢复了国民经济。更重要的是，小农经济占优势的苏维埃俄国找到了通过改革生产资料所有制逐步过渡到社会主义阶段的有效方法，初步发展了社会主义生产力，确立了与之相适应的社会主义生产关系。

在领导苏维埃俄国向社会主义过渡以及社会主义建设的实践中，列宁除了高度重视社会主义经济制度和体制建设外，还就政治建设和文化建设等理论和实践方面的诸多问题进行了深入的理论思考和深刻的实践探索，形成了一套完整的社会主义建设理论。特别是在推进文化建设方面，列宁把文化建设与实现社会主义、共产主义的目标联系起来，第一

① 《列宁全集》第 41 卷，北京：人民出版社，2017，第 71 页。

个提出文化的党性原则，突出强调文化建设对巩固社会主义阵地的极端重要性。这些主张和措施系统全面、科学完备，在持续的改革发展实践中取得了显著成效，积累了宝贵经验，为保存和巩固新生的社会主义政权提供了重要保障。

（六）在对世界社会主义革命道路和发展路径的艰辛探索上，提出了社会主义发展道路特殊性和多样性理论

列宁继承马克思主义关于人类社会发展道路的普遍性和多样性的理论，对经济文化落后国家走社会主义发展道路面临的特殊历史课题进行了深入思考和艰辛探索。

十月革命前后，一些对革命持反对态度的人和俄国孟什维克派一道怀疑和攻击俄国进行社会主义革命和建设的可能性。就此问题，列宁不仅指出了人类社会发展的一般趋势，还指明了俄国探索建设社会主义特殊道路的可能性。针对那些怀疑经济文化落后的俄国进行社会主义革命、确立社会主义制度合理性以及攻击十月革命是"早产儿"的反革命势力，他指出："一切民族都将走向社会主义，这是不可避免的，但是一切民族的走法却不会完全一样，在民主的这种或那种形式上，在无产阶级专政的这种或那种形态上，在社会生活各方面的社会主义改造的速度上，每个民族都会有自己的特点。"[①]

列宁晚年在对社会主义革命和建设经验作出全面总结的基础上，提出从直接过渡到曲折前进走向社会主义道路的具体途径。列宁认为："由于开始向建立社会主义前进时所处的条件不同，这种过渡的具体条件和形式必然是而且应当是多种多样的。地方差别、经济结构的特点、生活方式、居民的素质、实现这种或那种计划的尝试，——所有这些都必定会在国家这个或那个劳动公社走向社会主义的途径的特点上反映

---

① 《列宁全集》第 28 卷，北京：人民出版社，2017，第 163 页。

出来。"①

在社会主义建设的途径和方法问题上，列宁在坚持马克思主义基本原理的基础上，努力探索苏维埃俄国建设社会主义的特殊道路。他提出："要学习自己的实际经验，也要向资产阶级学习。他们善于保持自己的阶级统治，他们有我们不可缺少的经验；拒绝吸取这种经验，就是妄自尊大，就会给革命造成极大的危害。"②

列宁对社会主义发展道路特殊性和多样性理论的探索说明，各国在进行社会主义革命和建设时，既要遵循共同规律，又要把马克思主义理论同本国具体实际相结合，探寻一条适合本国国情的发展道路。

二　列宁主义是坚持、发展和践行马克思主义的典范

列宁主义是对马克思主义的坚持、发展和践行，是对当时历史条件下时代之问的科学回答。马克思列宁主义作为无产阶级及其政党的科学世界观和行动指南，鼓舞和指导了全世界无产阶级和被压迫民族的革命斗争。

（一）列宁主义是坚持马克思主义的典范

列宁高度重视科学理论的指导作用，锲而不舍地追求科学真理。"列宁始终是马克思和恩格斯最忠实最彻底的学生，他是完完全全以马克思主义的原则为依据的。"③ 事实上，列宁自己也常常以马克思主义的"俄国学生"自居。"列宁不仅仅是马克思恩格斯学说的实行者，同时还是马克思恩格斯学说的继承者。"④

---

① 《列宁全集》第34卷，北京：人民出版社，1985，第140页。
② 《列宁全集》第38卷，北京：人民出版社，2017，第248页。
③ 《斯大林选集》上卷，北京：人民出版社，1979，第610页。
④ 《斯大林选集》上卷，北京：人民出版社，1979，第610页。

列宁很早就在俄国宣传和践行马克思主义。他指出："马克思恩格斯在他们的科学著作中，最先说明了社会主义不是幻想家的臆造，而是现代社会生产力发展的最终目标和必然结果。"① 因此，"俄国社会民主党宣布自己的任务是帮助俄国工人阶级进行这一斗争，方法是提高工人的阶级自觉，促使他们组织起来，指出斗争的任务和目的"。② 因为工人阶级争取自身解放的斗争是政治斗争，所以俄国工人阶级的首要任务也就是争得政治自由。为此，俄国社会民主党人不能脱离工人运动，而必须支持一切反对专制政府的无限权力的社会运动。

列宁坚决捍卫马克思主义，维护马克思主义理论体系的严整性。作为科学的世界观，马克思主义具有严谨的内在逻辑，是一个严整的理论体系。在列宁之前，人们对马克思主义的理论体系缺少深刻的理论阐发，尚未形成对马克思主义学说的系统性阐释。为了澄清和批判对马克思主义的错误认识，坚决捍卫、积极宣传马克思主义科学真理，列宁撰写了一系列关于马克思主义的思想周密、内容丰富、结构完整的论著，阐明了马克思主义的理论来源、组成部分、基本特点、历史命运等重要问题。列宁特别强调唯物史观与剩余价值学说的奠基性作用，指出正是基于这两大发现，马克思和恩格斯得以系统剖析资本主义社会的运行机制，科学论证其历史阶段性与必然消亡规律。列宁还着重阐释了科学社会主义的核心使命——不仅要揭示社会变革的本质规律，更要为无产阶级实现解放提供切实可行的实践路径。

关于马克思主义三个组成部分的关系，列宁有一段经典概述："只有马克思的哲学唯物主义，才给无产阶级指明了如何摆脱一切被压迫阶级至今深受其害的精神奴役的出路。只有马克思的经济理论，才阐明了无产阶级在整个资本主义制度中的真正地位。"③ 这两个"只有"，强调

---

① 《列宁全集》第2卷，北京：人民出版社，2013，第1页。
② 《列宁全集》第2卷，北京：人民出版社，2013，第70页。
③ 《列宁全集》第23卷，北京：人民出版社，2017，第48页。

了科学社会主义是建立在马克思主义哲学、政治经济学两大理论基石之上的，突出了马克思主义哲学和政治经济学对于科学社会主义的重要意义。列宁对马克思主义的捍卫和宣传，以及对马克思主义理论体系构成的经典论述，至今仍对人们理解马克思主义的整体性具有重要的方法论意义。

（二）列宁主义是发展马克思主义的典范

列宁坚持把马克思主义基本原理同俄国革命的具体实际相结合，善于根据新的时代特征和斗争需要，提出新的战略思想和理论观点，从而"丰富和发展了马克思主义，把马克思恩格斯创立的科学理论体系推进到列宁主义阶段"。[①]

列宁深谙并善于运用马克思主义的精髓和活的灵魂。他论述了马克思主义辩证法的基本原理："自然界和社会中的一切界限都是有条件的和可变动的，没有任何一种现象不能在一定条件下转化为自己的对立面。"[②] 但是，"我们始终是辩证论者，我们同诡辩论作斗争的办法，不是根本否认任何转化的可能性，而是在某一事物的环境和发展中对它进行具体分析"。[③] 基于此，"马克思的辩证法要求对每一特殊的历史情况进行具体的分析"。[④] 在1920年的《共产主义》中，列宁把"具体情况作具体分析"上升为马克思主义的精髓，并指出："马克思主义的精髓，马克思主义的活的灵魂：对具体情况作具体分析。"[⑤] 这一方法论，是根据无数具体情况得出来的。也正是源于对这一方法论的深刻把握和娴熟运用，列宁才能在坚持马克思主义基本原理的基础上发展马克思

---

① 曲青山：《学习列宁的思想风范 坚持发展马克思主义——在纪念列宁诞辰150周年理论研讨会上的讲话》，《马克思主义与现实》2020年第5期。

② 《列宁全集》第28卷，北京：人民出版社，2017，第5页。

③ 《列宁全集》第28卷，北京：人民出版社，2017，第5页。

④ 《列宁全集》第28卷，北京：人民出版社，2017，第12页。

⑤ 《列宁全集》第39卷，北京：人民出版社，2017，第128页。

主义。

在对马克思主义基本原理的发展上，列宁科学地回答了在世界资本主义由自由竞争阶段进入帝国主义阶段后"资本主义向何处去、无产阶级革命向何处去"的时代之问。在《帝国主义是资本主义的最高阶段》等论著中，列宁运用马克思主义基本原理并依据充分的经济事实材料，科学阐明了资本主义发展到帝国主义的必然趋势，揭示了帝国主义的本质及其产生、发展和必然灭亡的规律，从而为无产阶级进行革命斗争奠定了理论基础。这是列宁对马克思主义的一个划时代的贡献。在此基础上，列宁创造性地以"一国胜利论"坚持和发展了马克思主义关于社会主义革命的学说，为包括俄国在内的世界无产阶级和一切被压迫民族的革命斗争指明了方向。

此外，列宁还提出了比较完整的无产阶级建党理论，为俄国马克思主义政党的建立准备了思想上、组织上的条件。十月革命胜利以后，根据党的中心任务的转移，列宁又思考和论述了马克思主义执政党的建设问题，对马克思主义政党理论作出了开创性贡献。

（三）列宁主义是践行马克思主义的典范

立足实践、创新发展是马克思主义的理论品格。作为这一科学理论的忠实继承者，列宁始终将理论探索与社会实践相融合，在具体实践中不断丰富发展无产阶级革命和建设学说，其开创性的理论建构为无产阶级革命运动和社会主义建设事业提供了理论指导和行动指南。

为了彰显马克思主义社会理想的实践性，列宁"始终在用行动证明世人能够在艰难的条件下去建成马克思和恩格斯所指明的社会主义社会，并且证明了落后国家可以积极创造条件完成无产阶级领导的民主主义革命的任务"。[①] 在革命和建设的实践中，列宁论述并强调了践行马

---

① 余斌：《列宁对马克思主义的坚持、发展与践行》，《中国井冈山干部学院学报》2020 年第 9 期。

克思主义的一些基本原则。

第一，必须根据实际情况制定革命和建设策略。列宁高度重视理论与实践相结合，始终强调要在实践中推动理论创新，为革命和建设事业提供科学理论指导。他指出："现在一切都在于实践，现在已经到了这样一个历史关头：理论在变为实践，理论由实践赋予活力，由实践来修正，由实践来检验。"① 他强调，马克思说的"一步实际运动比一打纲领更重要"② 这句话非常正确。在长期的革命和建设实践中，列宁坚持与时俱进、开拓创新，善于把马克思主义基本原理同俄国革命和建设的具体实际相结合，从而使马克思主义理论始终"与时代同步伐，与人民共命运，关注和回答时代和实践提出的重大课题，是马克思主义永葆生机活力的奥妙所在"。③

第二，要将共产主义的基本原则同各民族的具体特点相结合。在国际共产主义运动实践中，只要民族国家间的差异性依然客观存在，各国无产阶级革命策略就不应追求形式上的绝对一致，而是需要在坚持根本原则的前提下实现统一性与多样性的辩证统一。列宁把一般、个别，普遍、特殊的辩证关系运用到实际工作并加以具体化。列宁认为，共产党人必须将普遍真理与具体国情相结合，在维护革命基本原则的基础上，"把这些原则在某些细节上正确地加以改变，使之正确地适应于民族的和民族国家的差别，针对这些差别正确地加以运用"。④ 具体而言，就是要把马克思主义理论同俄国的特殊情况以及俄国各地区的情况相结合。

第三，必须学会抓住历史链条上的主要环节。列宁认为："全部政

---

① 《列宁全集》第33卷，北京：人民出版社，2017，第212页。
② 《马克思恩格斯文集》第3卷，北京：人民出版社，2009，第426页。
③ 曲青山：《学习列宁的思想风范 坚持发展马克思主义——在纪念列宁诞辰150周年理论研讨会上的讲话》，《马克思主义与现实》2020年第5期。
④ 《列宁全集》第39卷，北京：人民出版社，2017，第71页。

治生活就是由一串无穷无尽的环节组成的一条无穷无尽的链条。"① 因此，"必须善于在每个特定时机找出链条上的特殊环节，必须全力抓住这个环节，以便抓住整个链条并切实地准备过渡到下一个环节；而在这里，在历史事变的链条里，各个环节的次序，它们的形式，它们的联接，它们之间的区别，都不像铁匠所制成的普通链条那样简单和粗陋"。② 对于如何辨识链条的环节、怎样抓住整个链条的特殊环节，列宁进行了十分艰苦的探索。他强调，要始终牢牢把握三种类型的环节。一是抓住最薄弱环节，也就是抓住事物最薄弱的一面，以寻求矛盾的突破；二是抓住最关键的环节，从事关问题最重要的一环寻求突破；三是抓住迂回的环节，在退却中寻找解决问题的办法。由此，列宁的环节分析法成为"重要的马克思主义的方法论，丰富和发展了马克思主义方法论的宝库"。③

只有坚持将马克思主义基本原理同各国发展实际有机结合，在尊重客观规律基础上开展本土化道路探索，才能实现科学社会主义理论的创造性发展。这种实践逻辑既彰显了人类社会发展普遍规律的真理性，又通过不同国家的具体实践形态展现了社会主义道路的多样性特征。列宁把马克思主义基本原理同俄国革命和建设的具体实际相结合，成功探索出了一条适合俄国国情的革命和建设道路，从而实现了马克思主义的俄国化、民族化和本土化。

总之，列宁主义"开创了人类历史的新纪元，指引俄国人民建立了世界上第一个社会主义国家，取得了社会主义建设的显著进展和宝贵经验，有力地鼓舞和推动了全世界一切被压迫阶级和被压迫民族争取解放的斗争"。④ 作为马克思主义理论宝库的重要组成部分，列宁主义是

---

① 《列宁选集》第 1 卷，北京：人民出版社，1972，第 371 页。
② 《列宁全集》第 34 卷，北京：人民出版社，2017，第 185 页。
③ 辛向阳：《列宁的环节分析法及其现实意义》，《贵州省党校学报》2020 年第 3 期。
④ 曲青山：《学习列宁的思想风范 坚持发展马克思主义——在纪念列宁诞辰 150 周年理论研讨会上的讲话》，《马克思主义与现实》2020 年第 5 期。

对马克思主义的坚持、发展和践行。从此，马克思列宁主义就成为全世界无产阶级和被压迫民族持续推进无产阶级革命与社会主义建设事业的科学世界观和行动指南。

三 坚持马克思列宁主义的指导，推进中华民族伟大复兴

"马克思列宁主义揭示了人类社会历史发展的规律，它的基本原理是正确的，具有强大的生命力。"[①] 百余年来，中国共产党在引领中国革命、建设和改革的伟大征程中，实现了马克思列宁主义同中国具体实际的"两次结合"与"两个结合"。在马克思列宁主义的指导下，"走中国人民自愿选择的适合中国国情的道路"[②]，不断推进理论创新、进行理论创造，以实现中华民族伟大复兴为己任，致力于为中国人民谋幸福、为中华民族谋复兴，致力于为人类谋进步、为世界谋大同，为推动构建人类命运共同体提供切实有效的"中国方案"。

（一）马克思列宁主义同中国具体实际的"两次结合"

中国共产党创立以来，始终高举马克思列宁主义旗帜不动摇，坚持以马克思列宁主义指导中国的革命、建设和改革的具体实践。在这一历史进程中，马克思列宁主义基本原理同中国具体实际实现了令世人瞩目的"两次结合"。在马克思列宁主义的基本原理同中国具体实际的"第一次结合"中，中国共产党人创造性运用科学社会主义原理回应新民主主义革命诉求，成功指导中国人民完成独立解放的历史任务，为后续发展奠定了基础，铺就了社会主义现代化建设道路；"第二次结合"则是在新的历史方位下，为解决社会主义现代化建设难题，坚持理论指导和实践探索的辩证统一，凝聚共识，以完成国家强盛与民族振兴的历史

[①] 《改革开放三十年重要文献选编》下卷，北京：中央文献出版社，2008，第1743页。
[②] 《改革开放三十年重要文献选编》下卷，北京：中央文献出版社，2008，第1743页。

任务。

　　新民主主义革命时期，"选择一条什么样的道路才能把中国革命引向胜利成为首要问题，也是马克思主义发展史上前所未有过的难题。年轻的中国共产党，一度简单套用马克思列宁主义关于无产阶级革命的一般原理和照搬俄国十月革命城市武装起义的经验，中国革命遭受到严重挫折"。① 以毛泽东同志为主要代表的中国共产党人，坚持把马克思主义基本原理同中国革命的具体实际相结合，突破俄国革命"以城市中心"的武装斗争模式，准确地认识和把握了中国革命的规律，成功探索出农村包围城市、武装夺取政权的正确革命道路，"为夺取新民主主义革命胜利指明了正确方向"②，实现了马克思列宁主义的基本原理同中国具体实际的"第一次结合"。

　　社会主义改造完成后，1956 年 4 月，在中共中央书记处会议上讨论《关于无产阶级专政的历史经验》一文时，毛泽东同志提出："最重要的是要独立思考，把马列主义的基本原理同中国革命和建设的具体实际相结合。民主革命时期，我们吃了大亏之后才成功地实现了这种结合，取得了新民主主义革命的胜利。现在是社会主义革命和建设时期，我们要进行第二次结合，找出在中国怎样建设社会主义的道路。"③ 随着社会主义建设的不断发展，在改革开放和社会主义现代化建设新时期，以邓小平同志为主要代表的中国共产党人，创造性继承和发展毛泽东思想，基于社会主义初级阶段的精准定位，开辟了中国特色社会主义道路。以江泽民同志为主要代表的中国共产党人，带领全国人民实现世纪跨越，推动中国特色社会主义制度在新的历史条件下持续完善。以胡

---

① 习近平：《在纪念毛泽东同志诞辰 120 周年座谈会上的讲话》，北京：人民出版社，2013，第 4 页。

② 《中共中央关于党的百年奋斗重大成就和历史经验的决议》，北京：人民出版社，2021，第 7 页。

③ 《毛泽东年谱（一九四九——一九七六）》第 2 卷，北京：中央文献出版社，2013，第 557 页。

锦涛同志为主要代表的中国共产党人，坚持科学发展观，系统推进经济社会全面协调可持续发展。进入新时代，以习近平同志为主要代表的中国共产党人，科学运用辩证唯物主义和历史唯物主义，明确提出"中国特色社会主义进入新时代，我国社会主要矛盾已经转化为人民日益增长的美好生活需要和不平衡不充分的发展之间的矛盾"①，这是运用马克思列宁主义基本原理科学分析新时代中国具体实际得出的科学判断，为制定国家发展战略提供了重要理论依据。正是从这一科学判断出发，以习近平同志为核心的党中央"坚持稳中求进工作总基调，出台一系列重大方针政策，推出一系列重大举措，推进一系列重大工作，战胜一系列重大风险挑战，解决了许多长期想解决而没有解决的难题，办成了许多过去想办而没有办成的大事，推动党和国家事业取得历史性成就、发生历史性变革"。② 2024 年 7 月，党的二十届三中全会着眼党所处的历史方位和肩负的使命任务，对当前和今后一个时期进一步全面深化改革作出战略部署，充分体现了以习近平同志为核心的党中央完善和发展中国特色社会主义制度、推进国家治理体系和治理能力现代化的历史主动，以进一步全面深化改革开辟中国式现代化广阔前景的坚强决心。

马克思列宁主义基本原理同中国具体实际的"两次结合"，找出了在中国进行社会主义革命和建设事业的正确道路，科学回答和解决了中国之问、世界之问、人民之问、时代之问，并且在革命、建设和改革的进程中，不断开拓马克思列宁主义的新境界、新方向，从而证明了"马克思主义能够永葆其美妙之青春，不断探索时代发展提出的新课题、回应人类社会面临的新挑战"。③

---

① 习近平：《决胜全面建成小康社会　夺取新时代中国特色社会主义伟大胜利——在中国共产党第十九次全国代表大会上的报告》，北京：人民出版社，2017，第 11 页。
② 《中共中央关于党的百年奋斗重大成就和历史经验的决议》，北京：人民出版社，2021，第 27 页。
③ 习近平：《在纪念马克思诞辰 200 周年大会上的讲话》，北京：人民出版社，2018，第 9~10 页。

（二）以马克思列宁主义为指导，不断推进理论创新、进行理论创造

中国共产党的历史是一部马克思主义中国化时代化的历史。中国共产党在把马克思列宁主义基本原理同中国具体实际相结合的历史进程中，通过不断推进理论创新、进行理论创造，科学解答一系列重大实践问题，实现了马克思主义中国化新的飞跃。100 多年来，党领导人民在新民主主义革命时期，努力"争取民族独立、人民解放"①；在社会主义革命和建设时期推动"进行社会主义革命，推进社会主义建设"②；在改革开放和社会主义现代化建设新时期持续探索和回答"什么是社会主义、怎样建设社会主义""建设什么样的党、怎样建设党""实现什么样的发展、怎样发展"等重大问题。中国特色社会主义进入新时代，又"从理论和实践的结合上系统回答了新时代坚持和发展什么样的中国特色社会主义，怎样坚持和发展中国特色社会主义这个重大时代课题"③；等等。正是从马克思列宁主义的基本原理出发，中国共产党才能直面时代问题，用马克思列宁主义分析问题和解决问题，实现既一以贯之又与时俱进的理论创新与理论创造。

"毛泽东思想是马克思列宁主义在中国的创造性运用和发展，是被实践证明了的关于中国革命和建设的正确的理论原则和经验总结，是马克思主义中国化的第一次历史性飞跃。"④ 在中国共产党为寻找中国革命道路而进行的艰苦探索中，毛泽东同志运用马克思列宁主义有关具体问题具体分析的思想方法，科学地分析国际和国内政治形势，系统回答

---

① 《中共中央关于党的百年奋斗重大成就和历史经验的决议》，北京：人民出版社，2021，第 8 页。

② 《中共中央关于党的百年奋斗重大成就和历史经验的决议》，北京：人民出版社，2021，第 9 页。

③ 《十九大以来重要文献选编》上卷，北京：中央文献出版社，2019，第 75 页。

④ 《中共中央关于党的百年奋斗重大成就和历史经验的决议》，北京：人民出版社，2021，第 13 页。

了中国红色政权为什么能够存在的问题，提出了中国革命要以农村为中心，开辟了正确的革命道路。在社会主义改造阶段，毛泽东同志提出人民民主专政的理论，极大丰富了马克思列宁主义关于无产阶级专政的学说。社会主义制度建立以后，"以毛泽东同志为主要代表的中国共产党人，结合新的实际丰富和发展毛泽东思想，提出关于社会主义建设的一系列重要思想，包括社会主义社会是一个很长的历史阶段，严格区分和正确处理敌我矛盾和人民内部矛盾，正确处理我国社会主义建设的十大关系，走出一条适合我国国情的工业化道路，尊重价值规律，在党与民主党派的关系上实行'长期共存、互相监督'的方针，在科学文化工作中实行'百花齐放、百家争鸣'的方针等"①，有力推动了社会主义建设的开展，为进一步实现人民幸福和国家富强，打下了坚实的基础。

中国特色社会主义理论体系在深刻总结社会主义建设的经验教训的基础上，从新的国情、新的实际、新的任务出发发展了马克思主义。在新的历史条件下，邓小平理论、"三个代表"重要思想、科学发展观"科学回答了建设中国特色社会主义的发展道路、发展阶段、根本任务、发展动力、发展战略、政治保证、祖国统一、外交和国际战略、领导力量和依靠力量等一系列基本问题，形成中国特色社会主义理论体系，实现了马克思主义中国化新的飞跃"②。中国特色社会主义理论体系立足新的历史条件，经过长期的实践探索和经验总结，吸收和借鉴人类创造的一切文明成果，科学回答了"中国之问、世界之问、人民之问、时代之问"。③

"习近平新时代中国特色社会主义思想是当代中国马克思主义、二十一世纪马克思主义，是中华文化和中国精神的时代精华，实现了马克

---

① 《中共中央关于党的百年奋斗重大成就和历史经验的决议》，北京：人民出版社，2021，第12~13页。

② 《中共中央关于党的百年奋斗重大成就和历史经验的决议》，北京：人民出版社，2021，第17~18页。

③ 《习近平谈治国理政》第4卷，北京：外文出版社，2022，第30页。

思主义中国化新的飞跃"①，为马克思列宁主义的不断发展作出了卓越的原创性贡献。党的十八大以来，以习近平同志为主要代表的中国共产党人，坚持把马克思主义基本原理同中国具体实际相结合、同中华优秀传统文化相结合，坚持毛泽东思想、邓小平理论、"三个代表"重要思想、科学发展观，深刻总结并充分运用党成立以来的历史经验，从新的实际出发，创立了习近平新时代中国特色社会主义思想。习近平总书记就"新时代坚持和发展什么样的中国特色社会主义、怎样坚持和发展中国特色社会主义，建设什么样的社会主义现代化强国、怎样建设社会主义现代化强国，建设什么样的长期执政的马克思主义政党、怎样建设长期执政的马克思主义政党"②等重大时代课题，提出了一系列原创性的治国理政新理念新思想新战略，在党史、新中国史、改革开放史、社会主义发展史上具有里程碑意义。

（三）以马克思列宁主义为指导，致力于为中国人民谋幸福、为中华民族谋复兴，致力于为人类谋进步、为世界谋大同

"致力于为中国人民谋幸福、为中华民族谋复兴，致力于为人类谋进步、为世界谋大同"③，是中国共产党人在新时代坚持和发展马克思列宁主义所做出的庄严承诺和使命担当，是深刻理解和全面把握习近平新时代中国特色社会主义思想的金钥匙。习近平总书记指出："马克思主义传入中国后，科学社会主义的主张受到中国人民热烈欢迎，并最终扎根中国大地、开花结果，决不是偶然的，而是同我国传承了几千年的优秀历史文化和广大人民日用而不觉的价值观念融通的。"④应对百年

---

① 《中共中央关于党的百年奋斗重大成就和历史经验的决议》，北京：人民出版社，2021，第26页。

② 《中共中央关于党的百年奋斗重大成就和历史经验的决议》，北京：人民出版社，2021，第25~26页。

③ 《习近平谈治国理政》第4卷，北京：外文出版社，2022，第545~546页。

④ 《习近平谈治国理政》第3卷，北京：外文出版社，2020，第120页。

未有之大变局，在新的历史条件下坚持和发展马克思列宁主义，必须始终坚持把马克思列宁主义基本原理同中国具体实际相结合、同中华优秀传统文化相结合，坚持"从中国实际出发，洞察时代大势，把握历史主动，进行艰辛探索，不断推进马克思主义中国化时代化"。①

1. 为中国人民谋幸福

马克思列宁主义具有深刻的人民性特征，也充分说明了共产党的根基和血脉在人民。列宁曾强调，对于"向社会主义过渡的共产党来说，最严重最可怕的危险之一，就是脱离群众"。② 为人民而生，因人民而兴，始终同人民在一起，为人民利益而奋斗，是共产党作为世界无产阶级的先锋队，立党、兴党、强党的根本出发点和落脚点。中国共产党作为马克思主义政党，始终牢记为中国人民谋幸福、为中华民族谋复兴的初心和使命，"坚持以人民为中心的发展思想……让现代化建设成果更多更公平惠及全体人民"。③ 坚持全心全意为人民服务的根本宗旨，贯彻党的群众路线，尊重人民的主体地位和首创精神，保持党同人民群众的血肉联系，这是尊重历史规律的必然选择，是坚持马克思列宁主义的必然要求。

2. 为中华民族谋复兴

马克思列宁主义既来源于实践，又指导实践。在民族问题上，列宁继承了马克思恩格斯将民族解放同社会主义革命相联系的思想，指出"应当把争取社会主义的革命斗争同民族问题的革命纲领联系起来"④，并始终强调要从国际共产主义运动的宏观视野来看待被压迫民族和殖民地的解放问题，"应当使民族自决的要求服从的正是无产阶级阶级斗争的利益"⑤，从而，殖民地民族的解放也就成为世界社会主义革命的重

---

① 《习近平谈治国理政》第4卷，北京：外文出版社，2022，第9页。
② 《列宁全集》第42卷，北京：人民出版社，2017，第383页。
③ 《习近平著作选读》第1卷，北京：人民出版社，2023，第22页。
④ 《列宁全集》第27卷，北京：人民出版社，2017，第78页。
⑤ 《列宁全集》第7卷，北京：人民出版社，2013，第220页。

要推动力。当前，"世界百年未有之大变局加速演进，新一轮科技革命和产业变革深入发展，国际力量对比深刻调整……我国发展进入战略机遇和风险挑战并存、不确定难预料因素增多的时期，各种'黑天鹅'、'灰犀牛'事件随时可能发生"。① 要应对重大风险挑战，推动党和国家事业行稳致远，实现伟大复兴，没有科学理论的指引就不可能达成目标。

3. 为人类谋进步

马克思列宁主义始终秉持通过自我革命与社会革命，从根本上实现人类社会不断进步的坚定信念。马克思将人类社会看作一个有机整体，其会不断向着社会全面进步和人的全面发展迈进，人类社会的"有机体制在历史上就是这样生成为总体的。生成为这种总体是它的过程即它的发展的一个要素"。② 列宁继承马克思这一历史性思路，提出人类的进步是在社会主义代替资本主义的过程中实现的，"客观的发展进程是这样：不走向社会主义，就不能从垄断组织（战争使垄断组织的数目、作用和意义增大了十倍）向前进。……做一个真正的革命民主主义者，那就不能害怕走向社会主义的步骤"。③ 人类社会是一个整体，地球是一个家园。当前，面对共同挑战，任何人、任何国家都无法独善其身，人类只有和衷共济、和合共生这一条出路。习近平总书记指出："大时代需要大格局，大格局呼唤大胸怀。从'本国优先'的角度看，世界是狭小拥挤的，时时都是'激烈竞争'。从命运与共的角度看，世界是宽广博大的，处处都有合作机遇。"④ 因此，面对世界百年未有之大变局加速演进，必须转换视角，排除狭隘私利观念的干扰，真正做到"倾听人民心声，顺应时代潮流，推动各国加强协调和合作"。⑤

---

① 《习近平著作选读》第 1 卷，北京：人民出版社，2023，第 21~22 页。
② 《马克思恩格斯全集》第 30 卷，北京：人民出版社，1995，第 237 页。
③ 《列宁全集》第 32 卷，北京：人民出版社，2017，第 217~218 页。
④ 《习近平谈治国理政》第 4 卷，北京：人民出版社，2022，第 424 页。
⑤ 《习近平谈治国理政》第 4 卷，北京：人民出版社，2022，第 424 页。

4. 为世界谋大同

马克思列宁主义是推动国际共产主义运动的重要思想力量，深刻改变了 20 世纪的世界经济政治秩序。中国特色社会主义进入新时代，中国将自身前途命运与世界前途命运紧密结合起来，为世界和平与发展贡献力量，为完善全球治理、构建人类命运共同体贡献智慧，充分彰显了以天下为己任的大国胸襟和担当。"我们处在一个充满挑战，也充满希望的时代。行而不辍，未来可期。为了我们共同的未来，我们要携手同行，开启人类高质量发展新征程。"① 积极参与全球治理体系变革，推动全球治理体系朝着更加公正合理的方向发展，符合世界各国的普遍需求。针对全球治理体系和治理规则的现存问题，习近平总书记提出"坚持共商共建共享的全球治理观"②，推动构建人类命运共同体、共建"一带一路"倡议、全球发展倡议、全球安全倡议和全球文明倡议等一系列中国理念和中国倡议，深刻反映了人类社会的价值共识，符合中国人民和世界人民的根本利益，将推动全球治理理念创新发展，引领全球治理体系和治理规则变革。"人类命运共同体""地球生命共同体"等理念的提出，引起国际社会广泛关注，并写入联合国相关决议，正在积极从理念转化为行动，持续引领人类社会发展。

---

① 《习近平谈治国理政》第 4 卷，北京：人民出版社，2022，第 436 页。
② 《十九大以来重要文献选编》中卷，北京：中央文献出版社，2021，第 775 页。

《资本论》辩证叙述体系中的交换价值概念

——一个辩证逻辑的范畴

白暴力　白瑞雪[*]

摘　要　《资本论》的叙述方法借鉴了黑格尔的辩证法与理论体系，马克思借鉴"黑格尔特有的表达方式"，从七个阶段的演化过程展开了对作为辩证逻辑范畴的"交换价值"概念的论述。这一叙述体系最终完成了对作为辩证逻辑范畴的交换价值概念的讨论。同时，这个过程也实现了对资产阶级经济学的"政治经济学批判"，圆满地形成了《资本论》辩证叙述体系。这也正是列宁所说的马克思"遗留下《资本论》的逻辑"。

关键词　马克思；交换价值；辩证逻辑；黑格尔

就理论整体而言，马克思的辩证唯物主义与黑格尔的辩证法有着本质的区别。正如马克思所指出的，在黑格尔那里，"辩证法是倒立着的。必须把它倒过来，以便发现神秘外壳中的合理内核"。① 黑格尔辩证法中的逻辑出发点，与马克思所讨论的出发点，是两个性质完全不同的概念：马克思所讨论的出发点是从实践当中获得的，而黑格尔辩证法中的逻辑出发点是先验理念。马克思对社会经济的研究和揭示，经历的

＊　作者简介：白暴力，北京师范大学经济与工商管理学院教授、博士生导师，主要研究方向为政治经济学；白瑞雪，北京师范大学经济与资源管理研究院教授、博士生导师，主要研究方向为政治经济学。

① 《马克思恩格斯文集》第 9 卷，北京：人民出版社，2009，第 441 页。

是从实践、认识再到实践这么一个逻辑辩证过程，而不是像黑格尔那样从概念到概念的辩证过程。

不过，马克思经济理论的方法中包含着叙述方法和研究方法。马克思指出："叙述方法必须与研究方法不同。研究必须充分地占有材料，分析它的各种发展形式，探寻这些形式的内在联系。……这点一旦做到，材料的生命一旦在观念上反映出来，呈现在我们面前的就好像是一个先验的结构了。"① 因此，《资本论》使用了从理念展开的叙述方法来构建自身的叙述体系。

而对于《资本论》理念展开的叙述方法，马克思则借鉴了黑格尔辩证思维的方法和理论体系。马克思指出，黑格尔"第一个全面地有意识地叙述了辩证法的一般运动形式"②，"我公开承认我是这位大思想家的学生。……有些地方我甚至卖弄起黑格尔特有的表达方式"③

《资本论》的叙述方法借鉴了黑格尔的辩证法与理论体系，马克思借鉴了"黑格尔特有的表达方式"。④ 交换价值概念就是这样一个借鉴"黑格尔特有的表达方式"阐述的辩证逻辑范畴，一个需要借鉴黑格尔的辩证方法和理论体系来理解的马克思经济理论的重要辩证范畴。本文首先说明马克思对黑格尔辩证法和理论体系的借鉴，说明"黑格尔特有的表达方式"；其次重点研究《资本论》借鉴"黑格尔特有的表达方式"展开的对作为辩证逻辑范畴的交换价值概念的阐述。

---

① 《马克思恩格斯文集》第5卷，北京：人民出版社，2009，第21~22页。
② 《马克思恩格斯文集》第9卷，北京：人民出版社，2009，第441页。
③ 《马克思恩格斯选集》第2卷，北京：人民出版社，2012，第94页。
④ 这里仅说明与对交换价值作为辩证范畴系统理解相关的方法。关于对马克思借鉴黑格尔辩证方法和体系较全面的说明，参见白暴力《〈资本论〉方法论的若干思考（上）》，《高校理论战线》2009年第9期。

一 《资本论》的叙述体系与黑格尔的辩证方法和理论体系

要全面准确地把握作为辩证逻辑范畴的交换价值概念，首先就要了解相关的黑格尔的辩证法及其理论体系，了解"黑格尔特有的表达方式"，了解马克思对黑格尔辩证法的借鉴。

（一）了解黑格尔辩证方法和理论体系的必要性：《资本论》叙述体系对黑格尔的借鉴

《资本论》使用了从理念展开的叙述方法来构建自身的叙述体系。而对于《资本论》理念展开的叙述方法，马克思则借鉴了黑格尔辩证思维的方法和理论体系。马克思指出，黑格尔"第一个全面地有意识地叙述了辩证法的一般运动形式"。① 正因为如此，列宁在《哲学笔记》中强调："不钻研和不理解黑格尔的全部逻辑学，就不能完全理解马克思的《资本论》。"②

马克思借鉴了"黑格尔特有的表达方式"，使用辩证思维的方法，从理念、范畴和概念的演进与展开来构建《资本论》的叙述体系。在辩证思维中展开的逻辑结构就是辩证逻辑，以辩证逻辑展开的思维范畴就是辩证范畴。《资本论》的表述体系就是辩证逻辑结构，其中的范畴包括交换价值概念，就是辩证范畴。

《资本论》不仅是一部伟大的经济学著作，而且也是极重要的"辩证逻辑学"著作。正如列宁所说："虽说马克思没有遗留下'逻辑'（大写字母的），但他遗留下《资本论》的逻辑……在《资本论》中，唯物主义的逻辑、辩证法和认识论不必要三个词：它们是同一个东西都

---

① 《马克思恩格斯选集》第 3 卷，北京：人民出版社，2012，第 879 页。
② 《列宁全集》第 55 卷，北京：人民出版社，1990，第 151 页。

应用于一门科学，这种唯物主义从黑格尔那里吸取了全部有价值的东西并发展了这些有价值的东西。"①

所以，要深入理解马克思经济学，要全面理解《资本论》，要准确理解《资本论》中的基本范畴和理论体系，要全面深入理解交换价值概念，就要了解黑格尔的辩证方法和理论体系，了解"黑格尔特有的表达方式"，就要在辩证逻辑结构中将交换价值作为辩证范畴来把握。

（二）"黑格尔特有的表达方式"：黑格尔辩证方法和理论体系的一个重要方面

与本文相关的"黑格尔特有的表达方式"，大体可以这样来描述：绝对精神是核心理念，是世界的本原，精神世界的存在和发展是绝对精神的演进，物质世界则是这一演进的外在化和外在表现。② 黑格尔的理论体系，是以绝对精神及其演进而展开的。《精神现象学》是绝对精神的"提纯"，从混沌的、没有明晰要素的、没有被理性清晰认识的精神现象形态（"关于整体的一个混沌的表象"③）"提纯"出绝对精神。在《逻辑学》中，绝对精神作为一个纯粹概念，以纯粹的形式自我运动、自我演进。在《自然哲学》中，绝对精神外在化为自然界，也就是异化为物质世界，经历了机械性、物理性和有机性的演化过程，最后通过有机性进入精神阶段。然后，在《精神哲学》中，绝对精神回归于精神形态，演化出艺术、哲学、宗教、道德、伦理等各种形式。这时

---

① 《列宁专题文集 论辩证唯物主义和历史唯物主义》，北京：人民出版社，2009，第145页。

② 这是唯心主义观点，马克思与其相反，马克思把精神世界看作是物质世界的表现。马克思说："我的辩证方法，从根本上来说，不仅和黑格尔的辩证方法不同，而且和它截然相反。在黑格尔看来，思维过程，即甚至被他在观念这一名称下转化为独立主体的思维过程，是现实事物的创造主，而现实事物只是思维过程的外部表现。我的看法则相反，观念的东西不外是移入人的头脑并在人的头脑中改造过的物质的东西而已。"《马克思恩格斯选集》第2卷，北京：人民出版社，2012，第93页。

③ 《马克思恩格斯选集》第2卷，北京：人民出版社，2012，第700页。

的精神是由多方面要素组成的，总体和要素是明晰的，被理性清晰认识的，更加自觉地追求与绝对精神合一（"已不是关于整体的一个混沌的表象，而是一个具有许多规定和关系的丰富的总体了"①）。最后，在"哲学史"中，精神回到人类的头脑中，在人类的头脑中再现精神，并在人类思维的演进中最终认识绝对精神。这是黑格尔画的一个圆圈，通过绝对精神这一核心理念的辩证运动，展开他的理论体系，也展现了其辩证方法。

了解了黑格尔的辩证方法和理论体系后，就可以说明《资本论》辩证叙述体系中的交换价值概念，说明马克思借鉴"黑格尔特有的表达方式"对作为辩证逻辑范畴的交换价值概念展开的阐述。

二 作为辩证逻辑范畴的交换价值概念：一个借鉴"黑格尔特有的表达方式"展开的辩证逻辑范畴

对应于黑格尔叙述的绝对精神的演进过程：精神现象（关于整体的一个混沌的表象）→从精神现象提纯出绝对精神→绝对精神作为纯粹概念的运行→绝对精神演化出自然与精神的各种形态→绝对精神的回归（一个具有许多规定和关系的丰富的总体）→在哲学史中绝对精神的演进，在《资本论》中，马克思论述了交换价值的演进过程：交换价值感性认识的最初现象形态（关于整体的一个混沌的表象）→从交换价值的最初现象形态引出价值范畴→价值作为纯概念的运行→价值运动演化出货币和资本→进一步演化出各种职能资本形态和价值转化形式→回到理性认识了的交换价值及其本质（一个具有许多规定和关系的丰富的总体）→对由交换价值现象形态所产生的错误理论的分析和批判，使作为人们认知的交换价值概念与交换价值范畴本质合一。通过这个演进过

---

① 《马克思恩格斯选集》第2卷，北京：人民出版社，2012，第700页。

程的展开，马克思最终完成了对作为辩证逻辑范畴的交换价值概念的讨论。

（一）交换价值感性认识的最初现象形态

马克思首先论述了交换价值感性认识的最初现象形态。这对应于黑格尔的精神现象学。

在《哲学笔记》中，列宁将《资本论》的体系和黑格尔的体系做了比较，指出，《资本论》就是从最简单的现象形态开始的："开始是最简单的、最普通的、最常见的、最直接的'存在'：个别的商品（政治经济学中的'存在'）。"①

交换价值的现象形态，也是在交换过程中最简单、最普通、最常见、最直接的存在现象。在《资本论》中，马克思就是从交换价值的现象形态开始的。这里马克思论述的还只是交换价值感性认识的最初现象形态，也就是交换价值的最初表现形式，而不是交换价值本身及全部内涵。

在《资本论》中，马克思指出："交换价值首先表现为一种使用价值同另一种使用价值相交换的量的关系或比例。"② 马克思说的是"首先表现为"，而不是"是"。在恩格斯亲自校订的英文版《资本论》中，这句话是"Exchange-value, at first sight, presents itself as a quantitative relation, as the proportion in which values in use of one sort are exchanged for those of another sort"。这里是"at first sight, presents itself as"（最初看起来自身表现为），而不是"is"。③

---

① 《列宁全集》第 55 卷，北京：人民出版社，2017，第 291 页。
② 《马克思恩格斯选集》第 2 卷，北京：人民出版社，2012，第 97 页。
③ 在莫斯科英文版中，这句话是"Exchange-value seems at first to be a quantitative relation, the proportion in which use-values are exchanged for one another"。这里是"seems at first to be"（最初好像是），而不是"is"，https://www.marxists.org/archive/marx/works/1859/critique-pol-economy/ch01.htm。

在《政治经济学批判》一书中，马克思指出："交换价值首先表现为各种使用价值可以相互交换的量的关系。"① 这里也是"首先表现为"，而不是"是"。在芝加哥英文版中，这句话是"Exchange-value appears at first sight as a quantitative relation, as a proportion in which use-values are exchanged for one another."这里是"appears at first sight as"（最初表现为，最初看来好像是），而不是"is"。从以上讨论中可以清楚地看到，在马克思的理论中，"一种商品和另外一种商品的交换比例"是交换价值感性认识的最初现象形态。这个交换价值感性认识的最初现象形态是马克思讨论交换价值的起点。

（二）从交换价值感性认识的最初现象形态引出价值范畴

马克思从交换价值感性认识的最初现象形态中"引出"了价值范畴。这对应于黑格尔的从精神现象"提纯"出绝对精神。

马克思认为，两种商品在交换中相等，说明它们包含着"某种共同的东西"。② 在排除了各种因素之后，马克思指出："这些物现在只是表示，在它们的生产上耗费了人类劳动力，积累了人类劳动。这些物，作为它们共有的这个社会实体的结晶，就是价值——商品价值。"③

在《资本论》第1卷的"第二版跋"中，马克思说明，在《资本论》第1卷第二版中"第一章第一节更加科学而严密地从表现每个交换价值的等式的分析中引出了价值"。④ 这里讲的是"引出"，而不是"论证"。在恩格斯亲自校订的英文版《资本论》中，这句话是"the derivation of value from an analysis of the equations by which every exchange-value is expressed has been carried out with greater scientific strictness"。这

① 《马克思恩格斯全集》第31卷，北京：人民出版社，1998，第420页。
② 《马克思恩格斯全集》第28卷，北京：人民出版社，2018，第310页。
③ 《马克思恩格斯选集》第2卷，北京：人民出版社，2012，第99页。
④ 《马克思恩格斯选集》第2卷，北京：人民出版社，2012，第86页。

里讲的是"derivation"，而不是"prove"。

在致库格曼的一封信中，马克思说道："胡扯什么价值概念必须加以证明，只不过是由于既对所谈的东西一无所知，又对科学方法一窍不通。"① 这里马克思所说的"科学方法"就是辩证法，就是辩证逻辑。"价值"是一个辩证逻辑的范畴，是需要在它的产生、运行、发展和演进过程中把握的，而不是简单地仅用形式逻辑的"证明"来阐释的。

（三）价值范畴作为"纯概念"的运行

从交换价值引出（提纯）价值范畴后，《资本论》进入了将价值作为"纯概念"的讨论。这对应于黑格尔的绝对精神纯概念的运行。

马克思先是将价值作为商品矛盾统一体中的因素来讨论，从劳动的两重性出发，在质上确定了价值的内涵，阐明了价值量的规定性及其变化，分析了由商品形式所产生的商品拜物教，说明了价值形式及其演进，说明价值形式的发展依次经历了简单的、个别的或偶然的价值形式、总和的或扩大的价值形式、一般价值形式，然后过渡到货币形式。

从价值到货币的演化过程，是在商品内在矛盾运行中实现的，通过价值形式的变化，商品的内在矛盾外在化为现实经济中的商品和货币，货币的产生是商品内在矛盾的外化的结果。图 1 表达了价值通过商品内部矛盾的展开演进到货币这个过程。

（四）价值范畴演化出货币、资本等各种形态

在将价值作为纯概念进行讨论之后，《资本论》从价值演化出了货币，从货币演化出了资本。"价值范畴演化出货币、资本等各种形态"

---

① 《马克思恩格斯选集》第 4 卷，北京：人民出版社，2012，第 472~473 页。

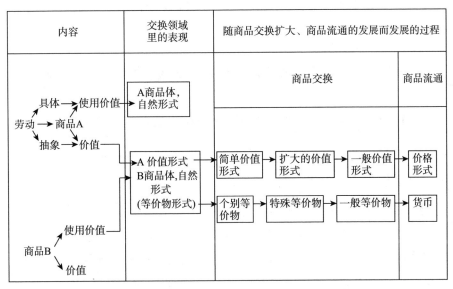

图1 价值通过商品内部矛盾展演进到货币形式

和下文中的"进一步演化出资本的各种具体形式和价值的转化形式"两个部分共同对应于黑格尔的绝对精神演化出的各种自然形态和精神形态。

随着价值形式的变化，商品的内在矛盾外在化为现实经济中的商品和货币，货币在商品交换中产生，货币使商品交换成为商品流通：

$$W-G-W$$

商品流通的最终结果是货币，而货币又是资本的起点。在商品形式变化中介入劳动力商品，货币就成为资本，商品流通就成为资本流通：

$$G-W-G'$$

《资本论》从商品的内在矛盾出发，一步步演化出展开了的资本运行的总公式：

$$G-W\begin{cases}P_m\\A\end{cases}\cdots P\cdots W'-G'$$

随着这个总公式的展开，资本演化出它的各种具体形态，演化出价值的各种转化形式。

（五）进一步演化出资本的各种具体形式和价值的转化形式

《资本论》第 1 卷，假定 $G-W\cdots W'-G'$ 顺利进行，研究 $W\genfrac{<}{}{0pt}{}{P_m}{A}\cdots P\cdots W'$，也就是假定资本（剩余价值）的流通过程是顺利进行的，研究资本（剩余价值）的生产过程。

《资本论》第 2 卷，研究 $G-W\cdots P\cdots W'-G'$，在已知资本（剩余价值）生产过程的基础上，也就是说，在已知资本（剩余价值）的生产过程的前提下，研究资本（剩余价值）的流通过程，阐明资本流通过程中资本的各种形态。

在资本的正常流通过程中，资本的三种形式——货币资本、生产资本和商品资本——是同时存在的：

$$
\begin{array}{llll}
 & t_1 & t_2 & t_3 \\
C_1 & W'-G' \cdot G-W\cdots P\cdots W'-G' \cdot G-W\cdots P\cdots W' \\
C_2 & W\cdots P\cdots W'-G' \cdot G-W\cdots P\cdots W'-G' \cdot G-W \\
C_3 & G-W\cdots P\cdots W'-G' \cdot G-W\cdots P\cdots W'-G' \cdot G
\end{array}
$$

这样，资本运动中的不同形式就取得了独立的存在形式，资本流通过程中资本的各种形态独立出来，便演化出资本的具体形式，即具体职能资本。

《资本论》第 3 卷，研究 $G-W\cdots P\cdots W'-G'$ 运动中各种资本形式的外在化，即独立化为资本的各种具体形式，也就是各种具体的职能资本：产业资本、商业资本、货币经营资本等；各种具体的职能资本的运动伴随着剩余价值的分配，而剩余价值的分配形成剩余价值的具体形式：产业利润、商业利润、企业主收入和利息。资本介入农业，则产生了资本主义地租，资本主义地租也是剩余价值的一部分。

随着各种职能资本的运动以及相伴随的剩余价值分配，价值演化出自身的各种价值转化形式。价值首先演化出"价值转化形式（Ⅰ）= 成本+平均利润"，这个平均利润既包含产业利润，也包含商业利润；随着生息资本的介入，平均利润分解为企业主收入和利息两个部分，价值转化形式演化为"价值转化形式（Ⅱ）= 成本+企业主收入+利息"；随着资本介入农业生产，价值转化形式演化为"价值转化形式（Ⅲ）= 成本+企业主收入+利息+地租"，也就是"价值转化形式（Ⅲ）= 成本+利润+地租"。这些价值转化形式都是交换价值的存在形态，"价值转化形式（Ⅲ）"则是其完成形态，直接决定了资本主义生产方式下"一种商品和另外一种商品的交换比例"这个交换价值感性认识的最初现象形态。

（六）交换价值概念的回归

在这里，交换价值概念在理性认识上得以回归，交换价值概念的本质得以认识。这对应于黑格尔的精神回归。

企业主收入、利息、地租都是剩余价值的分配形式，是由剩余价值分配所形成的，而成本和剩余价值都是价值的组成部分。因此，以价值转化形式存在的交换价值形态，实质上就是价值的分配形式。而价值是由劳动所形成的，所以，在本质上，交换价值是社会劳动的分配形式。马克思指出："在社会劳动的联系体现为个人劳动产品的私人交换的社会制度下，这种按比例分配劳动所借以实现的形式，正是这些产品的交换价值。"① 在资本主义社会，这种劳动的分配是由资本主义的生产关系所决定的；要说清楚这种劳动和价值的社会分配，就必须说明资本主义社会的所有生产关系。因此，交换价值体现了资本主义所有生产关系。

---

① 《马克思恩格斯选集》第 4 卷，北京：人民出版社，2012，第 473 页。

这时回到了交换价值，不过，这时的交换价值已不简单是"一种商品和另外一种商品的交换比例"这样一个"关于整体的一个混沌的表象"，而是"一个具有许多规定和关系的丰富的总体"了，是被理性清晰认识了本质和要素的范畴，是多要素内容的、明晰的，包含了被认识的资本主义社会的各种基本生产关系。所以，要说明交换价值，就要说明整个资本主义社会生产关系。

马克思的交换价值概念，不是一个简单的，仅可以用定义工具来说明的形式逻辑范畴，而是一个在辩证的演进中实现的辩证逻辑范畴。要认识这个范畴，就要认识马克思的整个理论体系。对这个范畴，要从它的现象形态、本质内容（价值）、形态演进以及理性回归的复杂过程来综合认识。

进一步来说，马克思经济理论的范畴是辩证逻辑的范畴，是运动的范畴。因此，要系统地把握，就不能简单地用形式逻辑的方法来理解。《资本论》是一个完整的系统，其中的任何范畴和理论都必须在整个系统中把握。

（七）对"三位一体公式"的分析和批判

在这里，对交换价值的讨论回到了人们的认识，回到了认知的现象形态。马克思说明了交换价值范畴怎样在人们（庸俗经济学家）头脑中颠倒地表现出来，说明了其发生的客观基础和思维历程，给予了深刻的批判。由此，作为人们认知的交换价值概念与交换价值范畴本质合一。这对应于黑格尔的"哲学史"。

交换价值概念及其本质关系在资产阶级庸俗经济学家头脑中被颠倒地表现出来，表现为"三位一体公式"。在《资本论》的最后部分，马克思对"三位一体公式"给予了深刻的分析和批判。

对于以价值转化形式存在的交换价值形态"价值转化形式（Ⅲ）=成本+利润+地租"，在资本家和土地所有者这些经济过程的当事人头脑里产生了扭曲的认识。由于资本给资本家带来了利润这个收入，土地给土地所有者带来了地租这个收入，所以，资本家和土地所有者这些经济过程的当事人错误地认为：资本创造利润，土地创造地租。"庸俗经济学所做的事情，实际上不过是对于局限在资产阶级生产关系中的生产当事人的观念，当做教义来加以解释、系统化和辩护。"① 资产阶级经济学是资本家和土地所有者这些经济当事人的错误认识的理论表现。他们错误地认为：资本创造了利润，土地创造了地租，劳动创造了工资；而资本家得到了利润，土地所有者得到了地租，劳动者得到了工资；这是公平合理的。这就是所谓的"三位一体公式"。"资本—利润（企业主收入加上利息），土地—地租，劳动—工资，这就是把社会生产过程的一切秘密都包括在内的三位一体的形式。"② 这种以经济理论表现出来的思维形式，将事物的表面现象看作事物本身。对此，马克思指出："事物在其现象上往往颠倒地表现出来，这是几乎所有的科学都承认的，只有政治经济学例外。"③

这种在交换价值现象形态上所产生的扭曲认识，正是资产阶级庸俗经济学的核心和完成形态。在马克思的论述中，在交换价值作为辩证范畴演化过程中，交换价值是价值的转化形式；工资、利润和地租都是劳动者创造价值的组成部分，利润和地租都是由劳动者创造的剩余价值分配所形成的；资产阶级庸俗经济学的"三位一体公式"是对交换价值所包含的真实关系的扭曲理解，真实的关系在这里被颠倒地表现了出来（马克思还说明了产生这种扭曲和颠倒理解的客观基础和思维历程）。

到此，马克思借鉴"黑格尔特有的表达方式"说明了交换价值的下列演化过程：①交换价值感性认识的最初现象形态；②从交换价值的

---

① 《马克思恩格斯文集》第7卷，北京：人民出版社，2009，第925页。
② 《马克思恩格斯选集》第2卷，北京：人民出版社，2012，第643页。
③ 《马克思恩格斯文集》第5卷，北京：人民出版社，2009，第616页。

最初现象形态引出价值范畴；③价值作为"纯概念"运行；④价值运动演化出货币、资本；⑤进一步演化出各种职能资本形态和价值转化形式；⑥回到理性认识了的交换价值及其本质；⑦对由交换价值现象形态所产生的错误理论进行分析和批判。由此，作为人们认知的交换价值概念与交换价值范畴本质合一，马克思最终完成了对作为辩证范畴的交换价值的讨论。

三　结论

综上所述，《资本论》的叙述方法借鉴了黑格尔的辩证法与理论体系，马克思借鉴"黑格尔特有的表达方式"，从七个阶段的演化过程，展开了对作为辩证逻辑范畴的"交换价值"概念的论述。要正确理解作为辩证逻辑范畴的交换价值概念，就需要全面把握交换价值概念辩证演化过程的这七个阶段。第一，交换价值感性认识的最初现象形态，"关于整体的一个混沌的表象"，即"一种商品与另一种商品的交换比例"。第二，从交换价值感性认识的最初现象形态引出价值范畴。第三，价值范畴作为"纯概念"运行。第四，价值范畴运行演化出货币、资本等各种形式。第五，进一步演化出各种职能资本和价值转化形式。第六，交换价值范畴回归，这时的交换价值是"一个具有许多规定和关系的丰富的总体"了，是多要素内容的、明晰的、被理性清晰认识了的范畴，包含了被认识的资本主义社会的各种生产关系；作为价值的转化形式，由成本、平均利润、利息和地租构成，直接决定了商品的交换比例。作为辩证逻辑的交换价值概念，体现着资本主义社会的各种基本生产关系，要说明交换价值，就要说明整个资本主义社会生产关系。第七，交换价值概念在资产阶级庸俗经济学家头脑中被颠倒地表现出来，表现为"三位一体公式"。对此，马克思给予了深刻的分析和批判，使作为人们认知的交换价值概念与交换价值范畴本质合一。借由这七个阶段的演化，在《资本论》叙述体系中，马克思最终完成了对作为辩证逻辑范畴的交换价值的讨论。同时，这个过程实现了对资产阶级庸俗经济学的"政治经济学批判"，圆满地形成了《资本论》辩证叙述体系。这正是马克思借鉴的"黑格尔特有的表达方式"，也正是列宁所说的马克思"遗留下《资本论》的逻辑"。

社会主义核心价值观基本理念的凝练、内容逻辑及新时代发展

吴潜涛[*]

摘　要　党的十八大提出以"24字"为主要内容的社会主义核心价值观，推进了社会主义价值思想的理论与实践探索。但是，社会主义核心价值观基本理念的凝练仍处于"进行时"而非"完成时"，社会主义核心价值观基本理念的理论探索并没有就此结束，这一理论"富矿"还有待进一步开掘。因此，系统总结社会主义核心价值观基本理念的凝练依据，把握社会主义核心价值观基本理念的内容逻辑，探索社会主义核心价值观基本理念的新时代发展，对于守正创新推动社会主义核心价值观基础理论发展具有重要的理论与实践意义。

关键词　社会主义核心价值观；基本理念；守正创新

一　社会主义核心价值观基本理念的凝练

社会主义核心价值观基本理念是一个重大的理论课题，关系"培养什么人"的根本问题，关切国家意识形态建设以及国家文化软实力的塑造，必须做到有理有据，经得起历史与实践检验。凝练社会主义核

---

* 作者简介：吴潜涛，清华大学文科资深教授、博士生导师，主要研究方向为社会主义核心价值观。

心价值观基本理念，必须把握好理论、文化与现实三个方面的主要依据。从理论依据上看，凝练社会主义核心价值观基本理念，必须始终坚持以马克思主义为指导，特别是要充分发挥马克思主义中国化最新理论成果对于凝练社会主义核心价值观基本理念的指导作用。从文化依据上看，凝练社会主义核心价值观基本理念，必须深刻把握其所蕴含的中华优秀传统文化基因。社会主义核心价值观基本理念是马克思主义价值思想同中国具体实际、中华优秀传统文化相结合的价值产物。从现实依据上看，凝练社会主义核心价值观基本理念，必须深刻把握社会主义初级阶段的历史特点，深刻把握中国特色社会主义的实践要求与制度规定性，深刻把握实现中华民族伟大复兴的精神文化需要。

（一）凝练社会主义核心价值观基本理念的理论依据

马克思主义经典文本以及其中所蕴含的基本原理，是凝练社会主义核心价值观基本理念的理论依据。这里所指的经典文本，既包含马克思、恩格斯、列宁等经典作家的著作文献，也包括毛泽东、邓小平、江泽民、胡锦涛、习近平等党和国家领导人的著作。从命题范畴来看，马克思、恩格斯没有系统论述过社会主义核心价值观中的所有基本理念。但是，马克思、恩格斯在对人类社会发展的规律性揭示及其构想中包含了对这些基本理念的深刻思考。列宁在俄国社会主义实践的基础上，立足于世界历史发展的实践动向，对民主、自由、平等、爱国等价值理念作出了深刻阐释。这些深邃的思考，为我们凝练社会主义核心价值观基本理念提供了具体的理论支撑。与此同时，马克思主义的世界观和方法论，以其彻底的理论解释力与强大的现实影响力，以其所展现出的真理伟力，为凝练社会主义核心价值观基本理念奠定了坚实的哲学基础、提供了坚实的理论依据。

社会主义核心价值观基本理念的凝练，建立在对马克思主义立场观点方法的坚守与运用基础之上。一是凝练社会主义核心价值观基本理念，必须深刻把握社会主义生产关系、社会关系的本质要求，始终站立在最广大人民群众的价值立场上。二是凝练社会主义核心价值观基本理念，必须深刻把握价值理念本身形成与实现的历史条件。我们不能超越特定的历史条件空谈价值理念，否则就难以准确把握价值理念的科学内涵与实践要求，必须充分注重将价值理念与价值实践结合起来进行分析。三是凝练社会主义核心价值观基本理念，必须旗帜鲜明地将其与资本主义核心价值观基本理念区分开，讲清楚二者之间的实质性区别与具体性差异，否则就会给人们带来观念上的认识误区与实践中的价值困惑。

社会主义核心价值观基本理念是马克思主义中国化的理论产物与价值产物，必须反映马克思主义中国化时代化的理论规定性，全面贯彻中国共产党价值思想的基本主张与基本诉求。马克思主义中国化历史进程中产生的创新理论，蕴含着丰富的价值思想、凝结着深邃的实践智慧，共同为凝练社会主义核心价值观基本理念提供了理论指南。

（二）凝练社会主义核心价值观基本理念的文化依据

价值观是文化的核心。任何社会的核心价值观，都反映着一定文化形态的核心价值诉求。习近平总书记指出："核心价值观是文化软实力的灵魂、文化软实力建设的重点。这是决定文化性质和方向的最深层次要素。一个国家的文化软实力，从根本上说，取决于其核心价值观的生命力、凝聚力、感召力。"[①] 这一论述生动阐述了核心价值观与文化、文化软实力之间的关系。中华优秀传统文化中蕴含着丰富的文化资源，构成了凝练社会主义核心价值观基本理念的文化依据。凝练社会主义核心价值观基本理念，作为社会主义文化建设的一个重大课题，必须深深植根于中华优秀传统文化的沃土，使社会主义核心价值观基本理念具备

---

① 《习近平谈治国理政》，北京：外文出版社，2014，第163页。

强大的生命力、凝聚力、感召力，进而服务于提升国家的文化软实力。

中华优秀传统文化是凝练社会主义核心价值观基本理念的深厚沃土。传统文化，指的是由前人创造、发展并一直对后人产生影响和作用的思维方式、价值观念、道德规范、行为方式、风俗习惯等的总和。传统文化既包含精华成分，也包含糟粕成分；既有积极、进步、革新的一面，也有消极、落后、保守的一面。中华优秀传统文化，是浩瀚的中华传统文化遗产中先进性精华的集合体。中华优秀传统文化，是培植中国特色社会主义先进文化的肥田沃土，是社会主义核心价值观的固有之本，具有涵养社会主义核心价值观的特殊功能和作用。把握中华优秀传统文化对于凝练社会主义核心价值观基本理念的重要指引作用，可以从三个方面切入。一是中华优秀传统文化是中华民族的"根"和"魂"。一个国家、一个民族的核心价值观不能是"无根""无魂"的，必须反映这一国家、这一民族最深层次的文化追求，以价值观的形式展现出文化的品格、特色与境界。二是中华优秀传统文化是社会主义核心价值观生命力和影响力的来源。正如习近平总书记所言："中华文明绵延数千年，有其独特的价值体系。中华优秀传统文化已经成为中华民族的基因，植根在中国人内心，潜移默化影响着中国人的思想方式和行为方式。今天，我们提倡和弘扬社会主义核心价值观，必须从中汲取丰富营养，否则就不会有生命力和影响力。"[①] 中华优秀传统文化对中华民族发展所形成的潜移默化、深远持久的影响，能够推动社会主义核心价值观基本理念的大众化，增强社会主义核心价值观基本理念的生命力和影响力。三是中华优秀传统文化中包含的价值理念为凝练社会主义核心价值观基本理念提供遵循和参照。中华传统文化中讲到的修身齐家治国平天下，蕴含着中国人独特的思维模式与价值取向，这实际上正是从个人、家庭、国家等层面作出的价值概括。我们现在凝练社会主义核心价

[①] 《习近平著作选读》第 1 卷，北京：人民出版社，2023，第 241 页。

值观基本理念的思维模式，也是与中华传统价值观的概括相传承、相衔接的，体现出关系层面的价值规定性。习近平总书记强调："深入挖掘和阐发中华优秀传统文化讲仁爱、重民本、守诚信、崇正义、尚和合、求大同的时代价值，使中华优秀传统文化成为涵养社会主义核心价值观的重要源泉。"[①] 党的十八大提出的"24字"社会主义核心价值观基本理念，都可以在中华优秀传统文化中找到相应的思想资源。例如，社会主义民主价值理念、和谐价值理念与中国古代的"民本"思想、"和合"思想之间有着内在的联系。

我们说中华优秀传统文化是凝练社会主义核心价值观基本理念的文化依据，并不是说要照搬先贤先哲的著作或原话，而是要把握中华优秀传统文化的精神实质，吸收其中蕴含的价值资源。凝练社会主义核心价值观基本理念，必须坚持唯物史观的立场、观点、方法，坚持古为今用、推陈出新，运用"批判继承"的方法来审视中华传统文化，通过去粗取精、去伪存真，提炼中华优秀传统文化的价值精华。在正确认识中华优秀传统文化本质属性并萃取其基本内容的基础上，紧密结合中国特色社会主义建设实际，用通俗易懂的当代表达，对其中适于协调现代社会关系和鼓励人们向上向善的价值理念、主要命题或思想精华、道德基因等作出新阐释，使中华优秀传统文化为凝练社会主义核心价值观基本理念作出时代贡献，推动中华优秀传统价值文化的创新性发展。

（三）凝练社会主义核心价值观基本理念的现实依据

社会主义核心价值观基本理念属于上层建筑范畴，是由社会存在和经济基础决定的。我国处于社会主义初级阶段的基本国情、中国特色社会主义伟大实践，是凝练社会主义核心价值观基本理念的现实依据。

第一，凝练社会主义核心价值观基本理念，必须立足于社会主义初

[①] 《习近平谈治国理政》，北京：外文出版社，2014，第164页。

级阶段的基本国情，必须适应社会主义实践的现实需要。邓小平指出："社会主义本身是共产主义的初级阶段，而我们中国又处在社会主义的初级阶段，就是不发达的阶段。一切都要从这个实际出发，根据这个实际来制订规划。"① 我国社会主义初级阶段基本国情的复杂性与内在规定性，决定了凝练社会主义核心价值观基本理念不能超越这一历史阶段的基本条件，必须符合社会主义初级阶段的具体实际。社会主义初级阶段的基本要求，要贯彻到凝练社会主义核心价值观基本理念的过程中，具体体现在两个方面：一是不能盲目提出不切实际的价值理念，二是不能作出不切实际的价值阐释。倘若所选取的价值理念不切合具体国情、不符合现实需要，社会主义核心价值观基本理念的生命力和影响力就会大打折扣。新中国成立以来特别是改革开放以来的伟大实践，为凝练社会主义核心价值观基本理念奠定了坚实的物质基础、制度基础与实践基础。凝练社会主义核心价值观基本理念，要适合我国生产力发展水平的历史性提升、综合国力的历史性增强、人民生活水平的历史性提高的客观实践，要适合我国社会主义精神文明建设和社会主义先进文化建设发展的现实需要。

第二，凝练社会主义核心价值观基本理念，必须体现社会主义的制度规定性要求，必须体现中国特色社会主义的制度优势与价值观优势。中国特色社会主义制度是凝练社会主义核心价值观基本理念的制度基石。习近平总书记指出："制度优势是一个政党、一个国家的最大优势。"② "中国特色社会主义制度是当代中国发展进步的根本制度保障，是具有鲜明中国特色、明显制度优势、强大自我完善能力的先进制度。"③ 中国共产党的领导和中国特色社会主义的制度优势，为凝练社会主义核心价值观基本理念提供了根本保障。中国特色社会主义的制度

---

① 《邓小平文选》第3卷，北京：人民出版社，1993，第252页。
② 《习近平谈治国理政》第3卷，北京：外文出版社，2020，第543页。
③ 《习近平谈治国理政》第2卷，北京：外文出版社，2017，第51页。

优势，可以转化为凝练社会主义核心价值观基本理念的显著优势。核心价值观与制度同属于上层建筑领域，二者是相互作用、相互支撑的。没有坚实的制度保障，就难以产生先进的价值观，或者即使产生了理论上较为先进的价值观，也难以在实践中得到践行。中国特色社会主义制度作为一个系统完备的制度体系，其内部的不同制度要素、体制机制可以为凝练社会主义核心价值观基本理念提供有益支撑，并对凝练社会主义核心价值观基本理念提出制度层面的规定性要求。公有制为主体、多种所有制经济共同发展，按劳分配为主体、多种分配方式并存，社会主义市场经济体制等社会主义基本经济制度，人民代表大会制度这一根本政治制度，中国共产党领导的多党合作和政治协商制度、民族区域自治制度、基层群众自治制度等基本政治制度，马克思主义在意识形态领域处于指导地位的根本制度等文化领域的制度，从经济、政治、文化等方面为凝练社会主义核心价值观基本理念提供了制度层面的根本遵循。

第三，凝练社会主义核心价值观基本理念，必须反映全体中国人民的实践诉求、价值诉求，必须体现中国特色社会主义伟大实践的内在规定性。改革开放以来，我国社会的价值观发生了深刻变化，呈现出多样化态势，但社会的核心价值、主流价值是相对稳定的。特别是随着社会主义核心价值体系建设的开展，凝练社会主义核心价值观基本理念有了广泛而坚实的现实基础。社会主义核心价值观基本理念，是在广大人民群众的生动实践中形成与发展起来的，是对人民群众需要的观念反映，反映了人民对美好生活的向往。凝练社会主义核心价值观基本理念，必须反映全体中国人民的共同利益和共同愿望，使之真正成为全体中国人民价值观上的"最大公约数"，成为有效引领社会思潮、凝聚社会共识、促进全体中国人民共同团结奋斗的价值力量。随着改革开放的深入推进，各式各样的社会思潮纷繁变换，在意识形态领域的复杂态势下，我们需要把社会主义核心价值观的先进性、科学性、优越性以基本理念的形式总结出来、概括出来，并以此为依据，划清社会主义核心价值观与资本主义核心价值观之间的界限，使人们自觉抵制西方价值观的渗透。必须认识到，西方价值观虽然包含一定的合理因素，但其本质目的还是为资产阶级统治服务，与中国的具体实际不符，是我们应该加以批判的价值观念。坚持和发展中国特色社会主义，离不开社会主义核心价值观的支撑和引领。同时，中国特色社会主义建设是对社会主义核心价值观真理性的检验，为社会主义核心价值观自信提供坚实的实践基础。必须体现中国特色社会主义的内在规定性，使其成为凝练社会主义核心价值观基本理念、抵御各种腐朽价值观侵蚀、促进全体中国人民在价值理念上紧密团结在一起的强大力量。

社会主义的实践发展永无止境，社会主义核心价值观基本理念的理论创新永无止境。新时代中国特色社会主义实践的生动展开、全面建设社会主义现代化国家新征程的开启，为进一步凝练社会主义核心价值观基本理念提供了深厚的现实基础。社会主义核心价值观基本理念，需要随着实践的发展而与时俱进，需要在凝聚共识的基础上进一步凝练。

二　社会主义核心价值观基本理念的内容逻辑

社会主义核心价值观基本理念是逻辑严密的理论整体。三个层面的价值理念相互贯通、有机统一，其内容具有整体性，共同展现出中国特色社会主义的价值诉求，共同体现着当代中国精神，共同凝聚着全体中国人民的价值追求。

第一，社会主义核心价值观基本理念的内容整体性，体现在三个层面的价值理念共同展现出中国特色社会主义的价值诉求。社会主义核心价值观三个层面的价值理念，是中国特色社会主义实践在国家、社会、个人层面的价值表现，是同一实践过程不同方面的价值体现，最终统一于中国特色社会主义实践。中国特色社会主义实践的领域广阔、内容丰富，社会主义核心价值观以不同层面价值理念的形式对其进行诠释与表达，但不同层面价值理念的旨归是根本一致的。中国特色社会主义实践的整体性，不仅决定了凝练社会主义核心价值观基本理念的整体性要求，还决定了社会主义核心价值观基本理念的内容整体性。

第二，社会主义核心价值观基本理念的内容整体性，体现在三个层面的价值理念共同体现着当代中国精神。社会主义核心价值观是当代中国精神的集中体现，这一论断源于党的十八大以来培育和践行社会主义核心价值观的新实践新成果。党的十八大以来，我们培育和践行社会主义核心价值观的主要成就，可以说，都集结在当代中国精神这面旗帜上。所以，这种提法是对培育和践行社会主义核心价值观实践的概括，也是我们对社会主义核心价值观和社会主义核心价值体系的认识的升华。在社会主义核心价值体系所包含的四个方面的基本内容中，当代中国精神居于重要地位，它是以爱国主义为核心的民族精神和以改革创新为核心的时代精神的统一，是实现中国特色社会主义共同理想的精神力量，与共同理想紧密联系在一起。同时，这种共同理想也是在马克思主义指导下的中国特色社会主义建设的共同理想。所以，从社会主义核心价值体系四个方面的理论结构来看，当代中国精神与其他三个方面的内容是紧密联系在一起的。当代中国精神作为社会基本价值取向的体现，对人们的行为准则起到价值引导的作用。因此，当代中国精神又是我们所说的社会主义核心价值体系第四个方面的内容即社会主义荣辱观的价值引领。由此可见，当代中国精神在社会主义核心价值体系四个方面内容中具有纽带的作用。"社会主义核心价值观是当代中国精神的集中体现"① 这一论断进一步深化了我们对社会主义核心价值观基本理念的本质属性的认识，更加清晰、更加精辟地概括了社会主义核心价值观与社

---

① 《习近平著作选读》第2卷，北京：人民出版社，2023，第35页。

会主义核心价值体系的关系，充分体现出社会主义核心价值观基本理念的内容整体性。

第三，社会主义核心价值观基本理念的内容整体性，体现在三个层面的价值理念共同凝聚着全体中国人民的价值追求。习近平总书记指出："我们要在全社会大力弘扬和践行社会主义核心价值观，使之像空气一样无处不在、无时不有，成为全体人民的共同价值追求，成为我们生而为中国人的独特精神支柱，成为百姓日用而不觉的行为准则。"①这一重要论述深刻阐述了社会主义核心价值观基本理念作为全体人民共同价值追求、独特精神支柱与行为准则的理论定位，并且反映出其在功能上的系统性、整体性。除了功能上的整体性之外，全体人民的共同价值追求本身就具有整体性，既体现在全体人民作为价值主体的整体性上，又体现在全体人民共同价值追求的广泛性、集中性与普遍性上。全体人民的共同价值追求，包含国家、社会、个人三个层面的价值内涵，任何一个层面都不可或缺。社会主义核心价值观基本理念集中诠释了全体中国人民在国家、社会、个人层面的价值追求，并将其联结为一个有机的价值观系统。单就社会主义核心价值观基本理念的某一个组成部分而言，是无法勾勒出中国人民价值追求的全貌的。社会主义核心价值观基本理念三个层面的有机统一体，具有系统整体的理论内涵与实践效能，能够全面反映出中国人民的共同价值追求。

进一步来看，在社会主义核心价值观基本理念的理论统一体中，国家、社会、个人三个层面的价值理念分别具有不同的结构特征与基本功能。具体看来，国家层面的价值理念居于最高层次，社会层面的价值理念居于承上启下的地位，个人层面的价值理念居于基础层次。

首先，国家层面的价值理念在社会主义核心价值观基本理念统一体

---

① 《十八大以来重要文献选编》中卷，北京：中央文献出版社，2016，第134页。

中居于最高层次，在结构上具有统领性。价值目标是价值观的重要内容。"富强、民主、文明、和谐"是从价值的角度对我国在社会主义初级阶段奋斗目标的概括。富强即国富民强，指的是现代化国家经济建设的应然状态，是中华民族的夙愿。这里的富强，不同于资本主义"超级大国"的雄厚实力，而是社会主义国家繁荣昌盛、人民幸福安康、社会和谐的物质基础。民主是人类社会的美好诉求，绝不是资本主义的专利。我们追求的民主，指的是社会主义的人民民主，其实质和核心是人民当家作主，是高于资本主义议会民主的民主。它是社会主义的生命，也是创造人民美好幸福生活的政治保障。文明是社会进步的重要标志，也是中国特色社会主义现代化国家的重要特征。它指的是社会主义现代化国家文化建设的应有状态，是对面向现代化、面向世界、面向未来的，民族的、科学的、大众的社会主义文化的概括，是实现中华民族伟大复兴的不竭动力之源。和谐是中国传统文化的基本理念，也是社会主义现代化国家在社会建设领域的价值诉求。它集中体现了幼有所育、学有所教、劳有所得、病有所医、老有所养、住有所居、弱有所扶的生动局面，是经济社会和谐稳定、又好又快发展的重要保证。总之，"富强、民主、文明、和谐"是我们整个国家、民族的奋斗目标，也体现出人们对未来实现的社会主义现代化国家的价值认同，在社会主义核心价值观基本理念统一体中居于最高层次，对其他层次的价值理念具有统领和制约作用。

其次，社会层面的价值理念，在社会主义核心价值观基本理念统一体中居于承上启下的地位，在结构上具有衔接性。自由是人类社会的美好向往，也是马克思主义的终极价值追求。它指的是人的意志自由、存在和发展的自由，其实现的前提条件是消灭私有制，使人们摆脱一切剥削和压迫。中国共产党领导中国人民经过艰苦卓绝的革命斗争，建立了社会主义新中国，消灭了阶级压迫和阶级剥削的社会制度，使中国人民获得了真正的自由和发展；坚持和发展中国特色社会主义，使中国人民获得了任何资本主义国家的人民群众都没有的广泛的个人自由，极大促进了人的自由发展。平等指的是公民在法律面前一律平等，其价值取向是不断实现实质平等，它要求尊重和保障人权、人人都有依法享有平等参与和平发展等的权利。平等同自由紧密相连，都受一定社会经济政治制度的制约。只有在社会主义制度下，人们才能真正享有自由平等的权利。公正即社会公平和正义，它以人的解放、人的自由平等权利的获得为前提，是国家、社会应然的根本价值理念。中国特色社会主义以马克思主义关于人的自由全面发展的公平正义思想为理论基础，坚持以人民为中心，推动实现全体人民共同富裕，其主旨就在于实现社会主义的公平正义。法治是治国理政的基本方式，依法治国是社会主义民主政治的基本要求。它通过法治建设来维护和保障公民的根本利益，是实现自由、平等、公正的制度保证。总之，"自由、平等、公正、法治"反映了中国特色社会主义的基本属性，是我们党矢志不渝、长期向往和实践的社会核心价值理念，在社会主义核心价值观基本理念统一体中发挥着承上启下的衔接作用。

最后，个人层面的价值理念，在社会主义核心价值观基本理念统一体中居于基础层次，在结构上具有基础性。个人层面的价值准则与价值追求，是核心价值观的基础。爱国是基于个人对自己祖国的依赖关系而形成的深厚情感，也是调节个人与祖国关系的行为准则。中华民族富有光荣的爱国主义传统，高度重视爱国主义教育也是我们党的优良传统和政治优势。在我们党的道德教育的系谱中，爱国历来居于首要地位，它同社会主义紧密结合在一起，要求人们以振兴中华为己任，促进民族团结、维护祖国统一、自觉报效祖国。敬业是对公民职业行为准则的价值评价，它要求公民忠于职守、克己奉公，服务人民、服务社会，充分体现了社会主义职业精神。诚信即诚实守信，它是人类千百年传承下来的道德传统，也是社会主义道德建设的重点内容，它强调诚实劳动、信守承诺、诚恳待人。友善强调公民之间应互相尊重、互相关心、互相帮助，和睦友好、与人为善，努力形成社会主义的新型人际关系。总之，"爱国、敬业、诚信、友善"覆盖了社会道德生活的各个领域，是公民必须恪守的基本道德准则，也是评价公民道德行为选择的基本价值标准。

必须明确的是，社会主义核心价值观基本理念的层次划分与逻辑特性，并不意味着可以割裂不同结构层面的基本理念的内在联系。不同层面价值理念的划分最终都服务于社会主义核心价值观基本理念的整体。

三　社会主义核心价值观基本理念的新时代发展

"24 字"基本理念是社会主义核心价值观的基本内容，是社会主义核心价值观内容的"最大公约数"。以"24 字"为主要内容的社会主义核心价值观的提出，是我国社会主义核心价值观研究领域的重大理论成果，但它还不是社会主义核心价值观的成熟形态，更加简洁、更加精练的社会主义核心价值观基本理念的提炼仍然在路上。推进社会主义核心价值观建设应当从两个方面思考：一方面，要赋予社会主义核心价值观基本理念新时代诉求，拓展其内容，深化其理解；另一方面，要探索社会主义价值观内容的"最大公约数"，使其发展为更加简洁的、稳定的社会主义核心价值观。进一步凝练社会主义核心价值观基本理念应该遵循两条基本理路：一是抽象的凝练思路，就是要探索"24 字"中更根本、更重要的内容，通过抽象的研究为将来的深化研究奠定理论基础；二是具体的拓展思路，社会主义核心价值观的"24 字"是基于社会调研而产生的，它来源于社会实践，而人们对价值理念的认同会随着时代的发展而发生变化，会不断有新的突破。因此，我们需要及时在实践中发现"24 字"之外的新的价值理念。

新时代的伟大实践，孕育着社会主义核心价值观基本理念不断发展的广阔空间。推动社会主义核心价值观基本理念的新时代发展，必须将习近平新时代中国特色社会主义思想贯彻始终，从新时代的伟大实践中吸收丰富的素材，进而不断丰富和发展社会主义核心价值观基本理念，使之始终成为引领时代的先进价值观形态。

（一）以伟大建党精神为源头的中国共产党人精神谱系与社会主义核心价值观基本理念

习近平总书记在庆祝中国共产党成立 100 周年大会上首次提出伟大建党精神的理论命题，进一步推进了中国共产党价值思想的历史探索。习近平总书记指出："一百年前，中国共产党的先驱们创建了中国共产党，形成了坚持真理、坚守理想，践行初心、担当使命，不怕牺牲、英勇斗争，对党忠诚、不负人民的伟大建党精神，这是中国共产党的精神之源。"① 伟大建党精神属于意识和观念的范畴，它来源于伟大的建党实践。作为一种精神现象，伟大建党精神是对中国共产党创建实践的客观反映。伟大建党精神应当从三个方面来把握。其一，从物质决定意识的方面而言，伟大建党精神中的"精神"元素具有两个方面的客观内容：一是指包括确立党的指导思想、建设宗旨、最终目标、行动纲领等在内的党的创建活动；二是指建党先驱们在建党实践中表现出来的理想信念、英雄气概、使命担当、家国情怀。其二，从意识的反作用方面而言，作为由建党实践不断推进的一种精神形态，伟大建党精神是伟大建党实践的概括和深化。其三，从精神形态的发展过程方面来看，建党先驱们的价值理念、政治品质、行为规范、道德情操作为一个精神整体，集中体现为与伟大建党实践相关的伟大建党精神，并在不同时期党的建设实践中不断丰富和拓展。

伟大建党精神与社会主义核心价值观基本理念都是中国共产党价值

---

① 《习近平谈治国理政》第 4 卷，北京：外文出版社，2022，第 7 页。

思想探索的理论产物。在中国共产党价值思想的体系中，二者是"源"与"流"的关系。伟大建党精神是中国共产党价值思想的"源"，社会主义核心价值观基本理念是中国共产党价值思想的"流"。伟大建党精神具有统领性功能，发挥着根本的精神支撑与价值引领作用。伟大建党精神是中国共产党价值思想在政党层面探索的理论成果，社会主义核心价值观基本理念是中国共产党价值思想在社会主义国家、社会、个人层面探索的理论成果，二者有着不同的理论侧重。伟大建党精神与社会主义核心价值观基本理念在目标导向上是相同的，都旨在为实现中华民族伟大复兴提供强大的精神力量与价值力量，二者共同展现出中国共产党价值思想的强大道义力量。

因此，应从伟大建党精神与社会主义核心价值观基本理念的关系中，把握社会主义核心价值观基本理念的本质属性：从理想信仰的维度，把握二者在追求共产主义远大理想、中国特色社会主义共同理想上的一致性；从行为遵循的维度，把握二者共同贯穿的为人民服务的价值追求，以及为中国人民谋幸福、为中华民族谋复兴的价值旨趣；从精神风貌的维度，把握二者共同凝结着的精神风貌，二者都从不同层面体现着当代中国精神的深远追求；从道德情怀的维度，把握二者共同塑造的伦理道德规范与标准，二者为政党、国家、社会、个人的发展提供了道德准绳。正如习近平总书记所言："历史川流不息，精神代代相传。我们要继续弘扬光荣传统、赓续红色血脉，永远把伟大建党精神继承下去、发扬光大！"① 赓续伟大建党精神，对于新时代新征程推进社会主义核心价值观建设有着重大的理论价值与实践意义。

我们还应从中国共产党人精神谱系与社会主义核心价值观基本理念的关系中，把握进一步凝练社会主义核心价值观基本理念的原则遵循。习近平总书记指出："一百年来，中国共产党弘扬伟大建党精神，在长

---

① 《习近平谈治国理政》第4卷，北京：外文出版社，2022，第7页。

期奋斗中构建起中国共产党人的精神谱系，锤炼出鲜明的政治品格。"①中国共产党人精神谱系是中国共产党人伟大精神的集合体，是一个与时俱进的精神系统，包含着新民主主义革命时期、社会主义革命和建设时期、改革开放和社会主义现代化建设新时期、中国特色社会主义新时代四个历史时期中国共产党人在实践中铸就的伟大精神。社会主义核心价值观是当代中国精神的集中体现，进一步凝练社会主义核心价值观基本理念应当充分挖掘中国共产党人精神谱系的思想资源与精神"富矿"，深入挖掘中国共产党人精神谱系中所蕴含的服务人民、艰苦奋斗、坚守理想、崇德向善、守正创新的精神品格，把握四个历史时期的精神特质及其对于凝练社会主义核心价值观基本理念的重要精神引领作用。

（二）新时代公民道德建设与社会主义核心价值观基本理念

2019 年印发的《新时代公民道德建设实施纲要》（以下简称《纲要》）彰显着新时代性的鲜明特征和品格。第一，《纲要》的新时代性，体现为习近平新时代中国特色社会主义思想贯穿《纲要》始终。无论是逻辑框架、内容安排，还是理论分析、实践举措，《纲要》都坚持以习近平新时代中国特色社会主义思想为指导，都是对习近平总书记关于公民道德建设重要论述的理论坚守和实践运用。第二，《纲要》的新时代性，体现为《纲要》总结了 2001 年党中央印发《公民道德建设实施纲要》以来，特别是党的十八大以来我国公民道德建设的基本经验，坚持守正创新，赋予其适应新时代要求的鲜活内容，使我们党对公民道德建设基本规律的认识和把握达到了新的高度。第三，《纲要》的新时代性，体现为《纲要》适应新时代的呼唤，深刻揭示了道德领域问题的根源，丰富发展了公民道德建设内容体系，科学界定了个人品德

---

① 《习近平谈治国理政》第 4 卷，北京：外文出版社，2022，第 7 页。

的内涵，精辟概括了中华传统美德，提出了弘扬中国精神的新要求，在公民道德建设一系列重大理论和实践问题上实现了新时代的重大突破，为推进新时代公民道德建设提高到一个新水平提供了理论指导和根本遵循。

《纲要》明确将"培育和践行社会主义核心价值观"作为重点任务，并强调"社会主义核心价值观是当代中国精神的集中体现，是凝聚中国力量的思想道德基础"。[①] 这实际上充分体现出《纲要》所提出的，加强新时代公民道德建设要"促进全体人民在理想信念、价值理念、道德观念上紧密团结在一起"[②] 的要求。社会主义核心价值观基本理念是与社会主义思想道德体系紧密联系在一起的。道德建设是一项复杂的系统工程，加强公民道德建设需要多种力量的合力支撑。其中，思想道德观念的力量居于首要地位。思想道德观念属于人所具有的一种特殊精神现象，是人的精神世界中最深层、最核心的要素，对于人们道德行为的践行具有先导性作用。要使广大公民自觉践行社会公德、职业道德、家庭美德、个人品德领域的道德规范，首先必须引导人们树立正确的思想道德观念，提高思想道德觉悟。人们的思想道德观念体现为理想信念、价值理念、道德观念的有机统一。在这一观念系统中，理想信念居于最高层次和支配地位，是人的精神世界的灵魂和主宰，具有制约人生价值取向、道德行为选择的功能与作用。正如习近平总书记指出："坚定理想信念，坚守共产党人精神追求，始终是共产党人安身立命的根本……理想信念就是共产党人精神上的'钙'，没有理想信念，理想信念不坚定，精神上就会'缺钙'，就会得'软骨病'。"[③] 价值理念是价值主体对价值客体的认识与评价，是人的精神世界的核心要素，其主要内容涉及国家层面、社会层面和个人层面的价值要求，体现着一个社

---

① 《十九大以来重要文献选编》中卷，北京：中央文献出版社，2021，第229页。
② 《十九大以来重要文献选编》中卷，北京：中央文献出版社，2021，第227页。
③ 《习近平谈治国理政》，北京：外文出版社，2014，第15页。

会评判是非曲直的价值标准，能够为人们正确判断是非、正误、善恶、美丑提供价值依据，为人们正确认识人伦关系、树立正确的道德观提供价值引导。价值理念同理想信念紧密联系在一起，为道德观念的形成提供思想支撑和理论支持。道德观念若离开了理想信念和价值理念的力量，就会因失去思想之本而显得苍白无力。因此，加强公民道德建设，必须把理想信念、价值理念和道德观念有机统一起来，在人们的观念领域立根塑魂。新时代公民道德建设的大视野，有力地推动了社会主义核心价值观的培育和践行。在创新发展新时代公民道德建设的过程中，要正确理解把握《纲要》中提出的公民道德建设的内容要求，坚持明大德、守公德、严私德的统一，在道德引导教育和道德养成实践中拓宽视野，超越以往那种"就道德说道德"的思维局限，把理想信念教育、价值理念培育、道德观念教育紧密结合在一起，把"筑牢理想信念之基""培育和践行社会主义核心价值观""传承中华传统美德""弘扬民族精神和时代精神"作为新时代公民道德建设的重点任务，引导人们树立正确的世界观、人生观、价值观、道德观。有了这种道德建设的大视野，才能逐渐把社会主义思想道德体系的内容要求转化为人们的内在信念，才能有效地激励人们自觉恪守新时代社会主义道德规范，在日常生活中养成好习惯、好品行。将新时代公民道德建设、培育和践行社会主义核心价值观联结为一个统一整体，能够增强道德建设、核心价值观建设的系统效能。

除此之外，《纲要》还对社会公德、职业道德、家庭美德、个人品德层面的道德规范作出了新的概括与提炼，从道德维度提供了认识与把握社会主义核心价值观的新视角，并为进一步凝练社会主义核心价值观基本理念提供了丰富的理论资源。例如，社会公德层面的"助人为乐"道德规范，就是对社会主义友善价值理念的内涵阐释；职业道德层面的"爱岗敬业""诚实守信"道德规范，就是对社会主义敬业、诚信价值理念的内涵阐释；家庭美德层面的"男女平等"道德规范，就是对社会主义平等价值理念的内涵阐释；个人品德层面的"爱国奉献"道德规范，就是对社会主义爱国价值理念的内涵阐释。进一步凝练社会主义核心价值观基本理念，必须深入把握新时代公民道德建设的新进展、新动态与新要求，进一步把握社会主义核心价值观基本理念的新时代性。在社会主义核心价值观基本理念的有机统一体中，任何一个价值理念的内涵都不是一成不变的，而是必然与新时代公民道德建设、社会主义核心价值观建设的实践结合在一起，展现出鲜明的时代性。

筑牢"立德树人"弘扬社会主义核心
价值观的根基[*]

余　斌　朱　燕^{**}

摘　要　以"立德树人"弘扬社会主义核心价值观，要依据唯物史观，筑牢相应的经济基础和上层建筑，把好"立德树人"的重要关口。为此，首先，高等院校要完善体制机制，筑牢"立德树人"的高等教育教育根基；其次，要保证法律条款遵循并维护反映社会主义道德规范的公序良俗，并且保证法治队伍真正为人民群众服务，筑牢"立德树人"弘扬社会主义核心价值观的法治根基；最后，要巩固和发展包括国有企业、集体企业在内的公有制企业，使广大劳动者深刻感受到社会主义经济制度的优越性，不断增强社会主义意识形态的认同感和自豪感，筑牢"立德树人"弘扬社会主义核心价值观的经济根基。

关键词　立德树人；社会主义核心价值观；社会主义经济制度

习近平同志在党的二十大报告中指出："育人的根本在于立德。"^①

---

* 基金项目：国家社科基金高校思政课研究专项"当代大学生价值取向及信仰养成跟踪调查与分析"（24VSZ050）；国家社科基金重大项目"中国式现代化进程中的共同富裕问题研究"（24&ZD027）。

** 作者简介：余斌，中国社会科学院马克思主义研究院研究员，博士生导师，国外马克思主义研究部主任，中国社会科学院大学首批特聘课程主讲讲授，主要研究方向为马克思主义基本原理；朱燕，博士，中国社会科学院马克思主义研究院助理研究员，主要研究方向为科学社会主义。

① 习近平：《高举中国特色社会主义伟大旗帜　为全面建设社会主义现代化国家而团结奋斗——在中国共产党第二十次全国代表大会上的报告》，北京：人民出版社，2022，第34页。

他还提出："用社会主义核心价值观铸魂育人。"① 而要"立德树人"弘扬社会主义核心价值观，就需要依据唯物史观，筑牢相应的经济基础和上层建筑，把好"立德树人"的重要关口。

一 筑牢"立德树人"的高等教育根基

高等教育是"立德树人"的关键环节，这一地位在新时代的背景下愈发凸显。高等教育的普及与现代社会治理需求高度契合，尤其是公务员招录体系对专业人才的需求，使高校毕业生成为公职队伍的重要来源。这意味着高校所构建的价值体系和伦理规范，必将直接作用于国家治理体系的人际网络与认知图式。习近平总书记提出"引导学生扣好人生第一粒扣子"②，正是强调高等教育阶段在个体社会化进程中的结构性作用。高校不仅是传递知识的场所，更是锻造精神的熔炉。通过思政课程与专业教育的融合，高校能够有效培育具有"明大德、守公德、严私德"③ 的社会主义建设者，为公共治理注入伦理正当性，为社会流动构建良性循环。

在育人实践层面，我国高校已形成系统的"立德"理论框架。基于"五育并举"的教育方针，高校不仅通过课程思政传递主流价值观，还创新性地将思想政治教育融入学术活动、社团文化和社会实践当中。例如，"课程思政"建设要求将显性教育与隐性教育贯通，使道德认知与实践体验有机结合。在"大思政"格局中，高校通过优化师资生态、完善评价机制、营造学术共同体氛围，使学生在与真实社会问题的交互中深化对社会主义核心价值观的理解。这种育人模式符合建构主义学习

---

① 《习近平著作选读》第1卷，北京：人民出版社，2023，第36页。
② 习近平：《思政课是落实立德树人根本任务的关键课程》，北京：人民出版社，2020，第12页。
③ 《十九大以来重要文献选编》中卷，北京：中央文献出版社，2021，第32页。

理论,即在真实的复杂情境中实现认知升级。当这种价值内化于心、外化于行,便能为学生未来参与公共事务提供稳定的行为范式,从根本上避免功利主义认知偏差,为社会治理注入可持续的人格力量,从而真正落实"为党育人、为国育才"的使命。

在第二十三次全国高等学校党的建设工作会议上,习近平总书记强调指出:"办好中国特色社会主义大学,要坚持立德树人,把培育和践行社会主义核心价值观融入教书育人全过程;强化思想引领,牢牢把握高校意识形态工作领导权;坚持和完善党委领导下的校长负责制,不断改革和完善高校体制机制;全面推进党的建设各项工作,有效发挥基层党组织战斗堡垒作用和共产党员先锋模范作用。"[①] 要做到全过程育人,除了强化思想引领外,完善高校体制机制是必不可少的,这也是社会层面的社会主义核心价值观即"自由、平等、公正、法治"体现得最直接具体的地方。而如果不尊重和遵守体制机制,完善后的体制机制也会成为一纸空文。在高校管理实践中,个别领导干部忽视制度规范与程序正义的行为,往往会对青年学生的价值观养成产生消极影响。要做好立德树人工作,需要将社会主义核心价值观融入教育教学全过程,这要求高校管理者以身作则,通过规范的制度运行与公正的决策机制,营造风清气正的育人环境。高等教育机构只有展现出制度刚性与人本关怀的统一,方能在言传身教中传递规则意识与程序正义理念,使青年学生通过观察与实践,深刻体悟民主、文明、公正、法治的制度价值,从而实现从知识传授到价值塑造、从能力培养到人格完善的系统性转化。

对此,我们必须明确,改革不是胡乱打破常规,而是要确立和遵守更加科学和有效的体制机制。习近平总书记指出:"我们的权力是党和人民赋予的,是为党和人民做事用的,只能用来为党分忧、为国干事、

---

① 《习近平就高校党建工作作出重要指示强调:坚持立德树人思想引领 加强改进高校党建工作》,教育部网站,http://www.moe.gov.cn/jyb_xwfb/s6052/moe_838/201412/t20141229_182511.html。

为民谋利。要正确行使权力，依法用权、秉公用权、廉洁用权，做到心有所畏、言有所戒、行有所止，处理好公和私、情和法、利和法的关系。"① 在推进体制机制改革创新过程中，必须始终坚持法治思维与价值引领的辩证统一，要严格遵循党纪国法设定的程序规范，更要将社会主义核心价值观内化为改革实践的精神坐标。这种双重遵循体现了马克思主义方法论中"破"与"立"的辩证关系——打破旧有桎梏必须以制度完善为目标导向，革新举措必须符合"公正""法治""诚信"等核心价值要求。将社会主义核心价值观转化为具体的制度设计准则，既能确保改革创新的合法性，又能提升制度文明的精神高度。这要求改革者恪守程序正义的底线，而且践行诚信、公正的伦理要求，使制度创新过程本身成为价值示范的载体，由此产生的制度成果方能兼具技术理性与价值理性，在提升治理效能的同时增强社会主义核心价值体系的社会认同度。只有尊重和遵守体制机制，才能落实习近平总书记在北京大学师生座谈会上提出的要求："全国高等院校要走在教育改革前列，紧紧围绕立德树人的根本任务，加快构建充满活力、富有效率、更加开放、有利于学校科学发展的体制机制，当好教育改革排头兵。"②

总之，就高等院校"立德树人"的改革而言，首先，要依法治校、从严治党，全面落实好有关的党纪国法，严肃党的政治纪律和组织纪律，严格按期和按规定召开各级党委会和行政会议，规范各类选举和选拔活动，严格执行入党程序。应着力将基层党组织建设成为坚如磐石的战斗堡垒，绝不能让其异化为个别领导谋取私利、彰显权威的工具，确保基层党组织始终坚守初心使命，切实发挥战斗堡垒作用，把真正的先进分子吸收到党内来，发挥共产党员的先锋模范作用。其次，党委监督要和群众民主监督相结合，坚决消除各种腐败行为和滥讲人情的行为以

① 《习近平谈治国理政》第 2 卷，北京：外文出版社，2017，第 147 页。
② 习近平：《青年要自觉践行社会主义核心价值观——在北京大学师生座谈会上的讲话》，北京：人民出版社，2014，第 13 页。

及由此造成的不平等、不公正现象。要完善教师教学督导制度，通过常态化教学评估、师德师风建设专项行动，引导教师将社会主义核心价值观有机融入课程设计，在传授专业知识的同时做好思想价值的传递。对于跨文化交流中的学术资源运用，应当遵循"立足中国、对话世界"的原则，在充分吸收人类文明共同成果的基础上，重点阐释中华优秀传统文化的当代价值，运用比较研究方法增强学生的文化鉴别力与制度自信，从而培养既具备国际视野又坚守文化根脉的社会主义建设者。习近平总书记指出："在社会主义核心价值观中，最深层、最根本、最永恒的是爱国主义。"[①]"弘扬爱国主义精神，必须把爱国主义教育作为永恒主题。"[②] 显然，当今高校"立德树人"弘扬社会主义核心价值观，必须把爱国主义教育放在首位。只有这样，高校的领导和教师才能身体力行地在学生们中间倡导国家、社会和个人三个层面的社会主义核心价值观。

二　筑牢"立德树人"弘扬社会主义核心价值观的法治根基

　　要弘扬社会主义核心价值观，还必须在法律上对符合社会主义核心价值观的行为给予大力支持，筑牢"立德树人"弘扬社会主义核心价值观的法治根基，对于妨碍社会主义核心价值观的行为给予严惩。如在司法实践中，应确立"疑点利益归于被告"的原则，确保法官在事实认定中保持审慎态度。对于涉及助人纠纷的案件，若缺乏直接、排他性证据指向救助者存在过错，不得推定救助者承担不利后果。同时，应建立合理的诉讼成本分担机制，由恶意诉讼方承担被救助者因应诉产生的合理费用。这种制度设计既能有效遏制滥用诉权行为，又能消除公众参

---

① 《习近平关于社会主义文化建设论述摘编》，北京：中央文献出版社，2017，第125页。
② 《习近平关于社会主义文化建设论述摘编》，北京：中央文献出版社，2017，第128页。

与社会互助的心理负担，为传统美德的实践提供稳定的法治支撑。

在传统社会治理体系中"亲亲相隐"与"移孝作忠"的伦理框架下，曾将违背长辈权威的行为纳入刑事规制范畴，这体现了特定历史时期的价值排序。现代法治体系则通过《中华人民共和国民法典》"公序良俗"条款与《中华人民共和国治安管理处罚法》相关章节，将社会主义核心价值观转化为可操作的规范体系。

党的十八届四中全会强调全面推进依法治国，同时指出："良法是善治之前提。建设中国特色社会主义法治体系，必须坚持立法先行，发挥立法的引领和推动作用，抓住提高立法质量这个关键。要恪守以民为本、立法为民理念，贯彻社会主义核心价值观，使每一项立法都符合宪法精神、反映人民意志、得到人民拥护。""法律的权威源自人民的内心拥护和真诚信仰。"[①]因此，必须完善法律条款，使各项法律都符合"立德树人"弘扬社会主义核心价值观的要求。而且，要弘扬社会主义核心价值观，还必须使广大人民群众感受到社会主义社会的温暖，尤其是感受到社会主义核心价值观的温暖。

需要特别指出的是，完善法律条款仅仅是实行全面依法治国、落实社会主义核心价值观中法治要求的第一步，法律的落实还要靠人来执行，这就要求选好法官。恩格斯在给马克思的女儿的信中曾经说过："法律是法律，但法官根据法律要做些什么，我们就不知道了。"[②]习近平总书记指出："全面推进依法治国，建设一支德才兼备的高素质法治队伍至关重要。"[③]而德才兼备中的"德"就包括具有社会主义核心价值观。事实上，马克思主义经典作家多次强调民主选举法官，而这正是建设一支德才兼备的高素质法治队伍的有效举措。我国"人民法院"这一称呼深刻体现了其人民属性。这意味着人民法院的根本宗旨在于全心全意为

---

① 《十八大以来重要文献选编》中卷，北京：中央文献出版社，2016，第160、172页。
② 《马克思恩格斯全集》第39卷，北京：人民出版社，1974，第268页。
③ 《习近平著作选读》第1卷，北京：人民出版社，2023，第307页。

人民服务，它是人民行使权利的重要保障，是维护社会公平正义的最后一道防线。为此，我们需要将法官的专业性和职业修养与法官的人民群众性相结合。

总之，只有保证法律条款遵循并维护反映社会主义道德规范的公序良俗，并且保证法治队伍真正为人民群众服务，能够切实代表最广大人民群众的利益，才能解决经济社会发展中的突出矛盾和问题，发挥法治促进"立德树人"弘扬社会主义核心价值观的重要作用，从而在人民群众的内心拥护和真诚信仰下把全面依法治国推进到底。

三　筑牢"立德树人"弘扬社会主义核心价值观的经济基础

按照马克思主义观点，经济基础决定上层建筑。社会主义核心价值观与资产阶级的价值观的差别就在于它们分别与社会主义制度、资本主义制度相联系，它们的差别是由这两种制度的差别或者说两种不同的经济基础的差别所决定的。一个社会里的社会主义因素越强，它的社会主义意识形态也会越强，其社会主义核心价值观也越稳固。因此，要"立德树人"弘扬社会主义核心价值观，首先就要从经济基础着手。

近年来，我国一直强调"两个毫不动摇"。党的十八届三中全会指出："必须毫不动摇巩固和发展公有制经济，坚持公有制主体地位，发挥国有经济主导作用，不断增强国有经济活力、控制力、影响力。必须毫不动摇鼓励、支持、引导非公有制经济发展，激发非公有制经济活力和创造力。"[①] 关于坚持"两个毫不动摇"的原因，有学者指出："我国生产力水平的多样性必然要求有与之相适应的多元所有制结构，既要有与现代化大生产相适应的公有制经济特别是国有经济的存在和发展，也

---

① 《十八大以来重要文献选编》上卷，北京：中央文献出版社，2014，第515页。

要有与社会化和组织化程度相对比较低的个体和私营经济的存在和发展。"① 这揭示出，非公有制经济作为一种经济形态，在社会化和组织化程度上呈现出相对较低的特征。从社会发展阶段与经济基础的适配性视角来看，与之相适应的意识形态体系亦体现出相对滞后性。这种滞后性并非孤立存在，而是与经济形态的内在特质相互关联、彼此影响。列宁曾经指出："私有制使人分裂，而劳动使人团结。"② 他还指出："工商业资产阶级的非常实际的利益是这种仇恨的主要基础。"③ 因此，要"立德树人"弘扬社会主义核心价值观，就必须在毫不动摇地坚持公有制主体地位、扩大公有制经济相对规模的同时，毫不动摇地强化对非公有制经济的引导。

因此，筑牢"立德树人"弘扬社会主义核心价值观的经济基础，首先要巩固并发展公有制企业，让更多劳动者感受到社会主义经济制度的优越性，增强对社会主义意识形态的认同感与自豪感。

---

① 赵振华：《必须坚持"两个毫不动摇"》，《光明日报》2014年3月26日。
② 《列宁全集》第39卷，北京：人民出版社，2017，第393页。
③ 《列宁全集》第1卷，北京：人民出版社，2013，第127页。

Research on the Basic Theory of Marxism

Volume 1
June 2025

主要文章英文摘要和关键词

Theoretical Achievements in Principle in Xi Jinping Thought on Socialism with Chinese Characteristics for a New Era

Qin Gang / 1

Abstract: Xi Jinping Thought on Socialism with Chinese Characteristics for a New Era contains many theoretical achievements. Adhering to the people-centered development thought, developing new quality productive forces, leading development with new development concepts, adhering to the harmonious coexistence between man and nature, no fixed model for modernization, leading the healthy development of economic globalization, promoting the construction of an open world economy, promoting exchanges and mutual learning among human civilizations, promoting the democratization and legalization of global governance rules, promoting the construction of a community of human destiny, promoting the common values of all mankind, and political parties should shoulder the historical responsibility of making progress for mankind. These theoretical achievements not only provide ideological guidance for solving the development problems of contemporary China, but also provide conceptual guidance for solving the development problems of today's world and human beings.

马克思主义基本理论研究（2025年第1期 总第1期）

Keywords: Xi Jinping Thought on Socialism with Chinese Characteristics for a New Era; Theoretical Achievements in Principle; Innovative Development; Universal Meaning

General Secretary Xi Jinping's Important Exposition on Persisting in Seeking Truth from Facts and its Value

Yang Yucheng / 27

Abstract: The ideological method of "seeking truth from facts" is the core of the CPC's ideological line, and the CPC's ideological line is often called "seeking truth from facts". Since the 18th National Congress of the CPC, the General Secretary Xi Jinping has attached great importance to summing up our party's historical experience of seeking truth from facts, further deepened the theoretical understanding of the CPC's ideological line and thinking method of seeking truth from facts, and profoundly expounded a series of important issues, such as why we should persist in seeking truth from facts, what is it, how to persist in seeking truth from facts, and where the difficulties and foothold are. The General Secretary Xi Jinping's important exposition on insisting on seeking truth from facts is the persistence, enrichment and development of the CPC's ideological line and method of seeking truth from facts, which we must deeply understand and grasp, and earnestly implement in our thoughts and work.

Keywords: Seeking Truth from Facts; Ideological Line; Thoughtway

The Important Contribution of the General Secretary Xi Jinping's Important Exposition on the Construction of Integrity Culture

Fang Guangshun; Yan Xin / 39

Abstract: Integrity culture is an important part of Chinese culture, with a long history and a long lifeline. As a part of social ideology, integrity culture is a profound reflection of social existence. The construction of integrity culture is related to the construction of a strong country and national rejuvenation. The General Secretary Xi Jinping's important exposition on the construction of integrity culture is not only the important content of Xi Jinping Thought on Culture, but also the profound exposition of the General Secretary Xi Jinping's important thought on the party's self-revolution. It is an important innovation of Marxist cultural theory and an important development of Marxist theory on the construction of the ruling party. The General Secretary Xi Jinping's important exposition on the construction of integrity culture has made an original contribution to Marxist integrity culture theory, made a historic contribution to China's excellent traditional integrity culture, made a breakthrough contribution to the self-construction of the Marxist ruling party, and also made a worldwide contribution to the international community's exchanges and mutual learning in governing the country, which has great theoretical and practical significance, historical significance and era significance.

Keywords: Construction of Integrity Culture; Xi Jinping Thought on Culture; Strictly Manage the Party in an All-round Way; Fighting Corruption and Promoting Honesty; Human Civilization

Study Dialectical Materialism-Historical Materialism, Master the Housekeeping Skills of Marxist Philosophy

Wang Weiguang / 56

Abstract: Since its establishment, the Communist Party of China (CPC) has attached great importance to building the Party ideologically, one of which is to insist on educating and arming the whole Party with Marxist philosophy. Marxist philosophy is an organic unity of dialectical materialism and historical materialism, and learning dialectical materialism and historical materialism is a consistent fine tradition and historical experience of the Party for more than a hundred years. Mastering dialectical materialism and historical materialism is not an overnight task. We need to study hard, think deeply and really understand, strengthen our ideals and beliefs, link them with practice and use them, and persevere in order to receive practical results. Dialectical materialism-historical materialism is a theory of open development, which needs to develop with the changes of the times and practice. Based on the new era, we should persist in upholding integrity and innovation, combine dialectical materialism-historical materialism with China's reality and Chinese excellent traditional culture, and continue to promote dialectical materialism-historical materialism to keep pace with the times, innovate and develop, and then continue to promote the modernization and popularization of Marxist philosophy in China.

Keywords: Dialectical Materialism-Historical Materialism; Learn Philosophy and Apply Philosophy; Sinicization, Modernization and Popularization

Analysis of the External and Internal Causes of Bankruptcy in Silicon Valley Bank from the Basic Idea of Marxist-Leninist Financial Crisis

—On the High-quality and Healthy Development of China's Finance

Cheng Enfu; Luo Yuhui / 73

Abstract: In 2023, the bankruptcy of Silicon Valley Bank in the United States became a hot issue in the global financial industry, and fear became the fuse of the American financial crisis and even the world financial crisis. Western economics mostly analyzes the reasons from the perspectives of asset-liability management, liquidity risk, commercial bank management and American financial supervision system. These factors are the "external causes" of the outbreak of the western financial crisis, and do not involve the deep-seated causes of the capitalist financial crisis. Therefore, based on the Marxist-Leninist theory of financial crisis, this paper explores the defects of the property right of financial capital in capitalist society, that is, the private ownership of western financial capital is the fundamental reason for the outbreak of financial crisis in capitalist society. In the new era, in order to better promote the healthy development of Socialism with Chinese characteristics's financial undertakings, we must firmly adhere to the leading role of Socialism with Chinese characteristics's public financial capital, continuously deepen the reform of the system and mechanism of all-round supervision over the whole process of financial capital, and effectively guide and standardize the precise drip irrigation of financial capital into the real economy.

Keywords: Marxist-Leninist Financial Theory; Financial Crisis; Financial Capital;

Bankruptcy of Silicon Valley Bank; The Development of China's Finance

The Generative Logic and Practical Purpose of Marxist Capital Criticism Theory

Cui Weihang / 88

Abstract: Marx's thoughts on capital underwent a gradual development process, in which "general capital" endowed capital with the social power of value proliferation, marking a leap in Marx's understanding of the concept of capital. Marx revealed the objectification process of capital logic through interest-bearing capital. During the movement of interest-bearing capital, a separation within capital itself emerged. Under the dominion of capital logic, social production became inverted, which is expressed by Marx with the term "capital fetishism." With the rise of the credit system and joint-stock companies, the virtualized operations of interest-bearing capital were generated, and fictitious capital became the essential regulation of financial capitalism.

Keywords: Capital Logic; Interest-bearing Capital; Fictitious Capital

The Ideological Essence, Theoretical Gist and Contemporary Value of Leninism

Xin Xiangyang / 102

Abstract: Leninism is Marxism in the era of imperialism and proletarian revolution, a model of upholding, developing and practicing Marxism, and the theoretical basis and guiding ideology of proletarian political parties. Leninism is extensive and profound, and it is a scientific system with imperialism theory, proletarian new party theory, proletarian revolution theory, proletarian dictatorship theory, socialist construction theory, and socialist development road particularity and diversity theory as its main contents. For more than a hundred years, the Communist Party of China (CPC) has always written Marxism-Leninism on its own banner, persisted in learning, applying and innovating Marxism-Leninism, and realized the concrete "two combinations" and "two combinations" between Marxism-Leninism and China. In the new era, under the guidance of Xi Jinping Thought on Socialism with Chinese Characteristics for a New Era, the CPC led and united the people of all ethnic groups throughout the country to strive for happiness for the people of China, rejuvenation for the Chinese nation, progress for mankind and great harmony for the world, and achieved great historical achievements, providing a practical and effective "China Plan" for promoting the building of a community of human destiny.

Keywords: Xi Jinping Thought on Socialism with Chinese Characteristics for a New Era; "Two Combinations"; Development History of Marxism

The Concept of Exchange Calue in the Dialectical Narrative System of *Capital*
—*A Category of Dialectical Logic*

Bai Baoli; Bai Ruixue / 127

Abstract: The narrative method of *Capital* draws lessons from Hegel's dialectics and theoretical system. Marx draws "Hegel's unique expression" to discuss the concept of "exchange value" as a dialectical logic category from the evolution process of seven stages. Thus, in the narrative system of *Capital*, the discussion on the concept of exchange value as a category of dialectical logic is finally completed. At the same time, this process also realized the "political criticism of bourgeois economics" and successfully formed the system of *Capital*. This is exactly what Lenin said that Marx "left the logic of *Capital*".

Keywords: Marx; Exchange Value; Dialectical Logic; Hegel

Conciseness, Content Logic and New Era Development of Basic Concepts of Socialist Core Values

Wu Qiantao / 142

Abstract: The 18th National Congress of the Communist Party of China put forward the socialist core values with the basic concept of "24 characters" as the main content, which promoted the theoretical and practical exploration of socialist value thought. However, the conciseness of the basic concept of socialist core values is still in the "ongoing" rather than "completed", and the theoretical exploration of the basic concept of socialist values has not ended there, and the theoretical "rich mine" of the basic concept of socialist core values needs to be further explored. Therefore, it is of great theoretical and practical significance to systematically summarize the concise basis of the basic concepts of socialist core values, grasp the content logic of the basic concepts of socialist core values, and explore the development of the basic concepts of socialist core values in the new era.

Keywords: Socialist Core Values; Basic Idea; Upholding Fundamental Principles and Breaking New Ground

Building a Solid Foundation for "Establishing Morality and Cultivating People" and Carrying Forward Socialist Core Values

Yu Bin; Zhu Yan / 161

Abstract: In order to carry forward the socialist core values, it is necessary to build the corresponding economic foundation and superstructure according to the historical materialism and make a good pass of "establishing morality and cultivating people". To this end, first of all, institutions of higher learning should improve the system and mechanism, and make a good pass of "establishing morality and cultivating people"; Secondly, we must ensure that the legal provisions follow and maintain the public order and good customs that reflect the socialist moral norms, and ensure that the ranks of judges truly serve the people; Finally, we should consolidate and develop state-owned enterprises, including state-owned enterprises and collective enterprises, so that the broad masses of workers can deeply feel the superiority of the socialist economic system and constantly enhance the cohesion and leading force of socialist ideology.

Keywords: Establishing Morality and Cultivating People; Socialist Core Values; Socialist Economic System

约稿函

尊敬的_____专家：

您好！

《马克思主义基本理论研究》编辑部非常荣幸能够代表本集刊向您发出约稿函。我们非常感佩您在马克思主义研究领域的杰出贡献，并诚邀您赐稿一篇马克思主义基本理论方面的相关论文。

《马克思主义基本理论研究》集刊由中国社会科学院马克思主义研究院、中国社会科学院大学创办，中国社会科学院马克思主义研究院马克思主义原理研究部与中国社会科学院大学马克思主义学院共同承办，旨在为广大马克思主义基本理论研究者打造学术交流的平台，提高对理论联系现实的关注度，积极引领更多研究者投身于马克思主义理论学科建设和发展，深化研究"两个结合"，不断开辟马克思主义中国化时代化新境界。

本集刊将始终强调以深厚的马克思主义学理研究为根基，以现实问题为导向，推动马克思主义基本理论研究走向更加开阔、更加深邃、更加具有时代感的领域，不断提升马克思主义理论学科的引领作用。

本集刊主编：辛向阳、崔唯航；**执行主编**：杨静、王维国；**编辑部主任**：杨静、王维国；**编辑部副主任**：张建云、李楠。

本集刊研究重点：一是聚焦习近平新时代中国特色社会主义思想

中的原理性理论成果，不断提炼研究；二是聚焦马克思主义基本理论，不断深化研究；三是聚焦"两个结合"，不断创新研究；四是聚焦马克思主义基本理论研究中的焦点、热点、难点问题，不断推进研究。

本集刊栏目设置：常设"习近平新时代中国特色社会主义思想的原理性理论成果研究""马克思主义基本原理""马克思主义发展史""思想政治教育"等栏目。

本集刊出版安排：每期拟发表 10~12 篇文章，每期 15 万~20 万字，每年出版 2 期，自 2025 年起分别于 6 月、12 月出版，由社会科学文献出版社出版。

我们相信，您在这一领域的研究经验和独到见解将为读者带来新的思考和启示。希望您能于 2025 年 8 月 10 日前赐稿一篇 15000 字左右的论文。同时，为了表示诚意，我们将为您提供丰厚稿费，以感谢您对本集刊的支持和贡献。

如果您有任何疑问或需要进一步了解相关情况，请随时联系。期待您的回复！

再次感谢您对《马克思主义基本原理研究》的关注和支持！

此致

敬礼！

联系人：

杨静，研究员，中国社会科学院马克思主义研究院马克思主义原理研究部主任

王维国，教授，中国社会科学院大学马克思主义学院执行院长

邮箱：jibenlilun2025@ cass. org. cn

附件一：论文体例规范

附件二：论文著作权使用许可

中国社会科学院马克思主义研究院（代章）

2025 年 5 月 20 日

附件一：论文体例规范

《马克思主义基本原理研究》在编辑体例上采用脚注和参考文献两种方式：

（1）论文所引文献的出处，以及对文中内容作说明的文字，均放在脚注中，脚注标在被引用和说明内容的右上角，序号为①②③……，每页重新编号。

（2）参考文献放在正文后面，序号为［1］［2］［3］……，具体格式参照脚注格式，无须标注页码。此外，文章标题的注释采用星号（＊）标注。

具体注释格式如下：

一 中文注释

1. 著作

主要责任者：《著作名》，出版地：出版者，出版年，引文页码（**必要项**）。对于编著的著作，主要责任者名字后须加"编"或"主编"等字样。

例如：

《马克思恩格斯选集》第 2 卷，北京：人民出版社，1995，第 22、178 页。

孙冶方：《社会主义经济的若干理论问题》，北京：人民出版社，

1979，第 70、76-77 页。

逄先知、金冲及主编《毛泽东传 1949-1976》，北京：中央文献出版社，2003，第 1032 页。

2. 译著

〔国别〕主要责任者：《中文著作名》，译者，出版地：出版者，出版年，引文页码（**必要项**）。如翻译者为 3 人或以上，请采用"第一名翻译者等译"的省略形式。

例如：

〔德〕黑格尔：《逻辑学》下卷，杨一之译，北京：商务印书馆，1976，第 427-428 页。

〔美〕塞缪尔·亨廷顿：《文明的冲突与世界秩序的重建》，周琪等译，北京：新华出版社，2002，第 56 页。

3. 期刊论文

主要责任者：《文章篇名》，《期刊名》XXXX 年第 X 期。

例如：

任平：《马克思"反思的问题视域"及其当代意义》，《中国社会科学》2006 年第 6 期。

4. 报纸文章

主要责任者：《文章篇名》，《报纸名》XXXX 年 X 月 X 日。

例如：

周扬：《三次伟大的思想解放运动》，《人民日报》1979 年 5 月 7 日。

5. 析出文献

析出文献主要责任者：《析出文章篇名》，文献主要责任者：《著作名》，出版地：出版者，出版年，析出文献页码。

例如：

〔英〕特里·伊格尔顿：《文化之战》，载王宁编《全球化与文化：西方与中国》，北京：北京大学出版社，2002，第 145、148 页。

6. 网络文献

主要责任者：《文章篇名》，网址。

例如：

张译心：《为经济高质量发展持续注入动能》，https：//www. cssn. cn/skgz/bwyc/202505/t20250515_5873970. shtml。

二 英文注释

1. 著作

主要责任者，书名（斜体，主体词首字母大写），出版地：出版者，出版年，引文页码。

例如：

Stalin, J. , *Problems of Leninism*, Moscow：Foreign Languages Publishing House, 1947, p. 356.

2. 论文

主要责任者，"文章名"，刊物名（斜体），卷期号，出版年。

例如：

H. Leibenstein, "Allocative Efficiency vs. X-Efficiency", *American Economic Review*, Vol. 56, No. 3, 1966.

3. 析出文献

析出文献主要责任者，"文章名"，文献主要责任者，文集名（斜体），出版地：出版者，出版年，析出文献页码。

例如：

Whyte, M. K. , "Urban China：A Civil Society in the Making," in A. L. Rosenbaum, eds. , *State and Society in China：The Consequences of the Reform*, Boulder：Westview Press, 1992, pp. 368–376.

三　俄文注释

1. 著作

作者姓　作者名和父称（可缩写，斜体）空格 著作名．出版社，出版年代．页码．

如多个作者，则作者之间用"，"连接。

例如：

Мартов Ю. О. Избранное. М. , 2000. С. 66.

2. 论文

①发表在刊物中的论文

作者姓　作者名和父称（可缩写，斜体）空格 论文名//刊物名．出版年代．期号．页码．

例如：

Львов Д. С. Крест над Россией // Поиск. 19 апреля 2002 г.

②发表在著作中的论文

作者姓 作者名和父称（可缩写，斜体）空格 论文名//著作名．出版社，出版年代．页码．

例如：

Картунова А. И. Коминтерн и некоторые вопросы реорганизации Гоминьдана // Коминтерн и Восток. М. , 1969. С. 233–235.

附件二：论文著作权使用许可

文章/作品（下称"论文"）题目：＿＿＿＿＿＿＿＿＿＿＿＿

作者（依序排列）：＿＿＿＿＿＿＿＿＿＿＿＿＿＿＿＿＿

所投集刊（下称"本书"，具体到期次）：＿＿＿＿＿＿＿＿

集刊主办单位：＿＿＿＿＿＿＿＿＿＿＿＿＿＿＿＿＿＿＿

一、全体作者同意，上述提交本书发表的作品一经本书收录，即为作者将论文整体及相关附件的全部复制传播的权利——包括但不限于复制权、发行权、信息网络传播权、广播权、表演权、翻译权、汇编权、改编权等著作权权利许可给本书、本书著作权利人及出版方社会科学文献出版社使用，上述被许可方有权通过包括但不限于以下方式使用：

1. 包括但不限于以各种已知或将来可能出现的形态、格式和介质，如光盘、磁盘、网络等形式，复制、发行、信息网络传播、广播或其他传播方式使用许可内容；

2. 翻译、改编、汇编该论文，以及利用该论文中的图表，摘要或任何部分衍生其他作品；

3. 除本书自行使用外，有权许可第三方（包括但不限于本书出版方关联平台、中国知网平台等）等行使上述权利（**提示：如作者不同意许可，需在第八条特别声明**）。

二、许可期限：著作权保护期限。

三、许可使用范围：全球范围。

四、许可费用：本许可为免费许可。

五、知识产权承诺：论文作者保证该论文为原创作品并且不涉及涉密和一稿多投等学术不端问题，若发生侵权或泄密问题，一切责任由论文作者承担。

六、因履行本许可而产生的争议应协商解决，协商不成的可向原告所在地有管辖权的人民法院起诉。

七、**本许可需全体作者签字，自签字之日起生效，签署后需将电子扫描件上传至投稿系统或者发送至邮箱 myjktg2024@ 163. com，扫描件与原件具有同等法律效力。若所投论文最终未被录用的，则本许可自动失效。**

八、特别声明内容：＿＿＿＿＿＿＿＿＿＿＿＿＿＿＿。

（以下无正文）

全体作者签名（如有 3 个以上作者请自行添加签字栏）：

序号	作者姓名（签字栏）	作者身份证号	作者单位	签署日期
1				
2				
...				

图书在版编目（CIP）数据

马克思主义基本理论研究. 2025 年. 第 1 期：总第 1
期 / 辛向阳，崔唯航主编；杨静，王维国执行主编.
北京：社会科学文献出版社，2025.6. -- ISBN 978-7
-5228-5366-6

Ⅰ. A81

中国国家版本馆 CIP 数据核字第 2025NN4615 号

马克思主义基本理论研究（2025 年第 1 期 总第 1 期）

主　　编／辛向阳　崔唯航
执行主编／杨　静　王维国

出 版 人／冀祥德
责任编辑／曹义恒
责任印制／岳　阳

出　　版／社会科学文献出版社 · 马克思主义分社（010）59367126
　　　　　地址：北京市北三环中路甲 29 号院华龙大厦　邮编：100029
　　　　　网址：www.ssap.com.cn
发　　行／社会科学文献出版社（010）59367028
印　　装／三河市东方印刷有限公司

规　　格／开　本：787mm×1092mm　1/16
　　　　　印　张：12　字　数：165 千字
版　　次／2025 年 6 月第 1 版　2025 年 6 月第 1 次印刷
书　　号／ISBN 978-7-5228-5366-6
定　　价／79.00 元

读者服务电话：4008918866